三毛传

冷飓 著

汕頭大學出版社

图书在版编目（CIP）数据

三毛传 / 冷飔著 . -- 汕头 : 汕头大学出版社，
2018.10

ISBN 978-7-5658-2920-8

Ⅰ. ①三… Ⅱ. ①冷… Ⅲ. ①三毛（1943–1991）—
传记 Ⅳ. ①K825.6

中国版本图书馆 CIP 数据核字（2018）第 204296 号

三毛传　　　　　　　　　　　　SANMAOZHUAN

著　　者：冷　飔

责任编辑：宋倩倩

责任技编：黄东生

封面设计：李四月　秋秋

出版发行：汕头大学出版社
　　　　　广东省汕头市大学路243号汕头大学校园内　　邮政编码：515063

电　　话：0754-82904613

印　　刷：三河市天润建兴印务有限公司

开　　本：880mm×1230mm　1/32

印　　张：11.5

字　　数：198千字

版　　次：2018年10月第1版

印　　次：2018年10月第1次印刷

定　　价：39.80元

ISBN 978-7-5658-2920-8

序言

让流浪的足迹在荒漠里写下永久的回忆

飘去飘来的笔迹是深藏激情的你的心语

前尘后世轮回中谁在声音里徘徊

痴情笑我凡俗的人世终难解的关怀

陈懋平——陈平——妹妹——Echo——撒哈拉之心——哈娃——平儿——小沙女……

这一个个名字，一声声呼唤，都是为她一个人，一个被人们仅仅看作是名作家三毛的人，一个容易被人忽略了其他身份的人。

提到三毛，很多人也许会将她与"疯癫"划归一隅，但历来文人之"疯"，皆因"痴执"而生。所谓"别人笑我太疯癫，我笑他人看不穿"。同样是"不愿鞠躬车马前"，才子唐伯虎只求如桃花仙人一般"老死花酒间"，而三毛选择了一次又一次的出走。

终其一生，她寻找的不过是拣尽寒枝后得以栖息的沙洲岸，最后却只能带着无法消解的寂寞，将万水千山走遍。

她有很多名字，很多称呼，但她在人世间只扮演过一个角色，那便是自己。她真诚到使人惭愧，直率到令人心惊，坚强到惹人心痛，又执拗到引人叹息。

敏感，成为三毛一生的特质，这既是她运笔如痴的生动源泉，亦是裹挟着她脱离安宁的冰冷漩涡。夜深人静，寂寞的深渊张开眼，三毛夜夜与它对视，忍着被吞噬的惊惧，怀着向往明媚的坚强。

小时候受的伤，长大便会慢慢愈合，虽不痊愈，但疤痕护住了伤口，总是安然；长大后受的伤，却是死一次也无力结疤。荷西的故去带走了三毛，那个从雨季里哀伤着走来、被热情的沙漠拥抱、在巨浪的海滩漫步的三毛，从此不再，就如她自己所写："死了的，是我们"。

后来，她也是活着的，会笑会哭，会吃会说，会开车，会写文章。那个她出版了许多书，进行了好多次演讲，走过了很多个地方，以荷西未亡人的身份，以陈家二女儿的身份，以作家三毛的身份，唯独不是以她自己的身份。她，再也不是那个会疯、会大笑、会顽皮的她。

她那有趣而生机盎然的灵魂早已抽离，一半流亡沙漠，一半迎风向海，磨洗回忆，祭奠岁月。偶尔回来，也会支撑着疾病缠尽的身体，写一篇文字，说给自己听，说她知道，自己死在那个皓月当空的中秋节；说她了然，她们都害怕海上的秋月，她们一样死去活来。

　　后来，守在父母身边的她，已是失了魂，却又在金陵与苏杭的回乡之路上吸取新的魂——那是顽石开悟的魂，雪岸拜别的魂，从红楼一梦中走出的梦魂。她会低吟着"好便是了，了便是好"，就此一去不回，微笑启程，再度流浪远方。

　　流浪远方，为了天空飞翔的小鸟，为了山间轻流的小溪，为了宽阔的草原，还有梦中的橄榄树……

目录
CONTENTS

第一阶段　雨季不再来

01 · 初启的人生

1943 年，嘉陵江畔，陪都重庆。

3 月的山城，纵然春风缭绕，但抗战形势如黎明前的黑暗，笼罩在人们的心头。作为国民政府总部的所在地，重庆城内歌舞升平。就是在这样的环境里，陈嗣庆与缪进兰正等待着他们的第二个孩子的降临。

陈嗣庆祖籍浙江，从苏州东吴大学法律系毕业后到上海教书，认识了生于上海的缪进兰，并在缪进兰高中毕业后不久，与她结为夫妻。

缪进兰曾经担任过小学教师，后来辞职成为一名家庭主妇，但她并不是固守封建思想的传统女性。她与陈嗣庆同是基督教徒。高中时期她还曾经加入学校的抗日救亡协会，同时，她酷爱运动，是学校篮球队队员。

抗战爆发后，陈嗣庆与缪进兰迁到重庆居住。在重庆，陈嗣庆依旧以法律为业，维持着家庭生计。

1943 年 3 月 26 日，重庆黄角桠，陈嗣庆与缪进兰的第二个女儿出生了。

那个年代的黄角桠流传着一首民谣，内容是"黄角桠，黄角桠，黄角桠下有个家。生个儿子会打仗，生个女儿写文章"。

也许这首民谣的由来，只是居民在夸赞自己的家园，因为陈嗣庆家的儿子并没有像歌谣里唱的那样"会打仗"。但他们在1943年3月诞下的这个二女儿，却应验了这首民谣。她不仅"写文章"，而且还很会写文章。她留下的文字感动了几代人，召唤着无数渴望自由的灵魂与她一起踏上追梦的不羁道路。

在家人和亲朋眼中，她是陈平，也是陈懋平，但在文坛上，在读者心里，她只有一个名字，她叫三毛，流浪的三毛。

陈嗣庆之所以为女儿取名陈懋平，是因为"'懋'是家谱上属于她那一代的排行，'平'是因为她出生那年正值烽火连天，作为父亲的我期望这个世界再也没有战争"。

每一家的老二，都和其他孩子不太一样，也许因为夹在中间，总感到不被重视，如同三毛所说："老二就像夹心饼干，父母看见的总是上下那两块，夹在中间的其实可口，但是不容易受注意，所以常常会蹦出来捣蛋，以求关爱。"

在三毛的文字里，不止一次提到日本童话《河童》，也不止一次流露出对那个童话世界的向往。故事里，每个孩子出生前，母亲都会问孩子是否愿意出生。如果孩子不愿意，他（她）就不会来到这个世界上。

也许在三毛心里，对自己的出生与存在是抗拒的。不知何时开始，她已经像哲学家一样，不断地思考着母亲为什么要生下她，为什么要在纷乱的年代，强行将她带进这个冰冷的世界。她用超乎常人的眼光来审视自己存在的价值，并不断地拷问自己活着的意义。在其他孩童不知忧虑的年纪，她已经开始探索生命的意义了。

每个家庭中的两代人，都会有不同的想法和尺度。在父亲的叙述中，三毛一直都向父母抱怨自己备受冷落，是在挣扎中成长的。但陈嗣庆并不认同，他认为自己对二女儿的关注并不比其他子女少。

父亲眼中的三毛是独立的，她有些孤僻，甚至有些怪异，但依旧是他的女儿，至亲至爱的骨血。在他的回忆里，"三毛小时候很独立，也很冷淡，她不玩任何女孩子的游戏，她也不跟别的孩子玩。在她两岁时，我们在重庆的住家附近有一座荒坟，别的小孩子不敢过去，她总是去坟边玩泥巴。"

母亲在天黑时找到三毛，她正在坟头上玩泥巴。回去的路上，三毛对母亲说："他们跟我说话了。"

母亲大惊失色，忙问三毛："你知道这是什么地方吗？"

不料三毛很镇静地抬起头答："哦，有很多死去的人，都在这里呢！"

　　三毛的举止看上去惊悚古怪，但也可以说是沉稳冷静，从小便表现得异于常人。在那个年月，陪都的太平只是表面繁华。九州烽烟，人心不安。动荡的时局，报刊的宣传，街坊巷里的闲谈，扰动着人们的情绪，即使是不懂政事的孩童，也会在大人的对话中感受到沉重与压抑。于是，年幼而敏感的三毛选择了远离和逃避。

　　在坟地，她找到了从未体验过的安宁与祥和。那里也许有阴风低语、乌鸦哀啼，但那股异样的情绪绝不只是恐惧那么简单。在难以言说的复杂感受里，还夹杂着一丝好奇与疑问，以及对生死的思索。

　　世上再没有跟死人做伴更安全的事了，他们都是很温柔的人。

　　在三毛看来，那些死去的人并不可怕。他们静静地躺在尘土之下，百载过后也会化为尘土，而灵魂却不会湮灭。也许，那些亡者的灵魂就萦绕在墓碑上，默默地看着她，悄悄地陪伴她，在乱世一隅，度过宁静的时光。

　　正是这样的经历，让三毛感到灵魂是一种温暖的存在。纵然后来漂泊异乡，即便童年往事慢慢模糊，那种仿佛与生俱来的与灵魂的亲密感却一直伴随着她，为其抵御伤害，为其驱散痛苦。

那时的三毛,还有另一个与众不同的爱好——看人杀羊。"对于年节时的杀羊,她最感兴趣,从头到尾盯住杀的过程,看完不动声色,脸上有一种满意的表情。"

羊有洁白的皮毛与水汪汪的眼睛。被捆绑起来的羊,流着泪跪在地上,试图为自己求情,最后再徒劳无功地洒下一地腥膻的鲜血。

很难想象,一个只有几岁的孩子如何承受这种残忍,甚至还看得聚精会神。也许生死对于她来说,并没有常人想象得那么事关重大。无论是人还是动物,死后仍有灵魂存在。既如此,那活着又是为了什么?如果羊活着是为了被宰杀而成为食物,那么人活着又是为了什么?

也许那时的三毛,并不是单纯地在看杀羊,而是在无人理解的孤寂中观察一个生命的逝去。关于生死的疑问,并非知识就能解答。站在屠夫对面,闻着羊血气味的她,也许只是换了一个地方,继续追寻生命的终点和存在的意义。

三毛幼年时,还有一件事令父亲印象深刻。陈家居住在重庆期间,每家都会将水缸埋在厨房的地里,但这样一来,缸沿就离地面很矮,孩子们一不小心就会栽进缸里。

我们不许小孩靠近水缸,三毛偏偏不听话。有一天大人在吃饭，突然听到打水的声音激烈，三毛当时不在桌上。等我们冲到水缸边时，发现三毛头朝下，脚在水面上拼命地打水。水缸很深，这个小孩子居然用双手撑在缸底，好使她高一点，这样小脚才可打到水面出声。当我们把她提着揪出来时，她也不哭，她说："感谢耶稣基督。"然后吐一口水出来。

在父亲的回忆里，三毛倔强顽皮，同时又机敏冷静。落水的那一刻，她并没有惊慌，而是凭借自己仅有的办法求救；被救起来时，她也没有像其他小孩一样吓得嚎啕大哭。小小年纪，却如此沉稳，这在成年人看来几乎是一件异常到怪异的事，以至于陈嗣庆在回忆时也用了"居然"这样的词。

三毛没有哭，是父亲看到的现象。彼时只有两岁左右的她，正在一次次地用行动证明自己的与众不同。没有人能想到，在出生不到三年的时间里培养出的性格，后来竟成了三毛一生不变的执拗与坚持。

02 · 幼年的金陵

1945 年 9 月 2 日，日本宣布投降，陈嗣庆为女儿取名时期望和平的愿望终于实现了。可是，当这个叫陈懋平的孩子长到三岁时，却为自己"改了名字"。

这个孩子开始学写字，她无论如何都学不会写那个懋字。每次写名字时，都自作主张地把中间那个字跳掉，偏叫自己陈平。不但如此，还把陈的左耳搬到隔壁去成为右耳，这么弄下来，做父亲的我只好投降，她给自己取了名字，当时才 3 岁。后来我把她弟弟们的懋字也都拿掉了。

无论是因为思想的开放，还是出于对女儿的宠爱，能允许并认可女儿将家谱上排行的那个"懋"字去掉，还将她弟弟名字里的"懋"字也一起拿掉，从这一点来说，父亲对三毛还是颇为纵容的。

对于三毛来说，这是她人生中的第一个大胜利。没有哭闹和争吵，她成功地用自己的坚持换来一个简单的新名字。这场"胜利"带给她前所未有的成就感，也让她特立独行、追求自由的渴望在潜意识里萌芽，并在日后开出绚丽的花朵。

抗日战争胜利后，陈嗣庆与哥哥陈汉清一起，带着家人迁往南京，住进鼓楼头条巷四号宽敞的西式宅院。那时的南京刚刚经过惨烈的战争，灰暗而虚弱。日军虽然撤离，但各地的战火并没有就此平息，即便是暂得安宁的南京，也显得格外疲惫。

缓缓流淌的秦淮河穿城而过，仿佛人们的血泪。游船无精打采地划过一幢幢岸边的建筑。岁月的橹声回响，那些曾经繁华的秦淮宴游，早已被战争撕碎。

纵然如此，南京这座城市，依旧是三毛心中的"朱砂痣"。在南京的三年岁月，是她一生中难得的温暖回忆。当她跟随父母移居台湾后，最爱读的便是《红楼梦》。为了书里的人，更为了书里的城，她不止一次地泪流满面。

落户南京时，陈家的经济条件相对殷实，孩子们的生活轻松快乐，但在兄弟姐妹中，三毛依旧显得格格不入。

由于经历了持久的战乱，当时的孩子们喜欢玩打仗游戏。他们用树枝和竹管当作武器，扮作敌对双方相互厮杀，而扮演日本兵的队伍必须输。每当这样的游戏上演，街巷里就会传来败兵的"惨叫"声。

三毛对这种"过家家"一样的游戏毫无兴趣。她时常窝在家里，坐在教堂一样高大明亮的窗户前，幻想着自己正在举行盛大的婚礼……这对一个不到五岁的孩子来说，多少有些显得早熟。

越是性格孤僻、古怪的人，越有可能在日后成为旷世奇才，但在三毛的家人看来，这并不能成为让他们充满希望和喜悦的理由。

母亲对这个性格古怪的女儿颇为担忧，便让大女儿陈田心陪着三毛玩，但姐姐那时也要上学，而三毛的年纪尚不够读幼稚园，只能由女工兰瑛带着，与她的儿子马蹄子一起玩。

白天，只要姐姐一上学，兰瑛就把我领到后院去，叫马蹄子跟我玩。我本来是个爱玩的孩子，可是和这个一碰就哭的马蹄子实在不投缘……只要兰瑛不看好我，我就从马蹄子旁边逃开去……

在我们那时候的大宅子里，除了伯父及父亲的书房之外，在二楼还有一间被哥哥姐姐称作图书馆的房间，那个地方什么都没有，就有个大窗，对着窗外的梧桐树。房间内，全是书。

大人的书，放在上层，小孩的书，都在伸手就够得到的地板边上。

我因为知道马蹄子从来不爱跟我进这间房间，所以一个人总往那儿跑，我可以静静地躲到兰瑛或妈妈找来骂了去吃饭才出来。

这间位于二楼的书房被三毛的父亲命名为"读心室"。书房对所有孩子开放，即使是佣人的孩子们，陈嗣庆夫妇也鼓励他们多读书。

正是这间"读心室"，为三毛打开了通往未来的大门。她化身为书海中拼命游动的健儿，那些不知从何说起又根本无处诉说的情绪，在与书籍为伴的日子里慢慢沉淀下来，经过岁月的洗练，终于成为她思想中的瑰宝。

从"读心室"的窗口向外望去，能看到高大的法国梧桐树。每到春天，这种遍布南京城的树木就会开出淡紫色的花朵。三毛对那种淡紫色印象极深。那是一种从无到有、一点点加深的淡紫色，就像淡淡的忧伤，从心底慢慢升起。在三毛的认知里，紫色代表着忧伤，就像戴望舒眼中结着愁怨的丁香。

三毛迷恋着"读心室"窗外淡淡的忧伤，更爱父亲满橱柜的书籍，但那时的她只能对照图画勉强看懂小人书，遇到图片下面有不认识又实在猜不出意思的字，三毛还要跑下去问哥哥姐姐们。就这样，她看完了漫画家张乐平的名作——《三毛流浪记》。

后来，三毛又读了另一本《三毛从军记》。在这两本书中，张乐平展现了当时底层人民的艰辛生活，引起了无数人的反响。三毛曾说："我非常喜欢这两本书，虽然它的意思可能很深，可是我也可以从浅的地方看它，有时笑，有时叹息，小小的年纪，竟也有那份好奇和关心。"

在南京居住的三年里，受到识字量不足的限制，年幼的三毛只能读小人书和童话，但她依旧不停地读书。

那时候，看了图画、封面和字的形状，我就拿了去问哥哥姐姐们，这本书叫什么名字，这小孩为什么画他哭，书里说些什么事情，问来问去，便都记住了。

所以说，我是先看书，后认字的。

三毛的阅读习惯和爱好，大约便是在这时候形成的。后来，她回忆起读书的岁月，也曾感慨地说："我看书，这使我多活几度生命。"

很难想象，寡言到几乎被认为失语的三毛，在阅读中找到了安慰。她不需要开口，不需要寒暄问候，不需要任何矫饰，喜欢什么就用心去读，不喜欢什么也不会有人知道，那是只属于她和文字的秘密，那是只属于她和文学的时光。只是当时的她没有意识到，自己与文学相伴的时光，才刚刚开始。

那段时间，除了张乐平的书，三毛还读过《木偶奇遇记》《格林童话》《爱的教育》《苦儿寻母记》等童话，但《三毛》系列依旧是烙印在她心内最深的记号。于是，在二十多年后，在广袤的撒哈拉沙漠上，她有了一个新的笔名——三毛，这是一种纪念，也是一种认同。

人是一种很特别的生物，我们渴望沟通，渴望被理解、被关怀，越是与我们经历相似、性情相近的人，越能引起我们的情感共鸣，越会让人感到安稳，也会不由自主地想要靠近对方，去理解，去关怀，在冰冷的世界里相互抚慰。

但三毛是独特的，因此也愈加孤独。正如她所说，小时候读《三毛》是从浅初读，但年增岁长，她怀着深深的孤独，从"流浪的三毛"身上，看到了自己的影子，率直而可爱，孤寂却不屈。在她眼中，故事里"流浪的三毛"是她的外化，而她的内心，就住着一个"流浪的三毛"。

大约是受了《三毛流浪记》的影响与暗示，又或是因为她本就是这样的人，才会爱上故事里"流浪的三毛"。这个家人眼中永远的妹妹，这个被许多人唤作陈平的三毛，一生漂泊不定，她似乎一直都在寻找，却不知所寻何处。

这是每个孤独的人都有过的体验，想要追寻，却不知所求何在。但并不是每个孤独的人，都有三毛这样的率性和勇气，踏上追寻的道路，哪怕前途茫茫，人生地远；哪怕黄沙漫天，风声凄苦。

很多人说人如其名，这个像童话角色一样的名字里，蕴含着多少苦难与辛酸；那个将自己命名为三毛的女人，随性地活着，率真地写着。在那些温柔与悲悯的文字背后，深藏的是无边的寂寞与惆怅。

战乱时，故事里苦命的三毛在流浪；白纸黑字间，执笔的三毛，孤独的心在流浪。

03 - 台湾，新的开始

很多人都会记得小时候的事，似乎幼年越是早熟的孩子，对儿时的记忆就越清晰。三毛不仅记得自己三岁时在南京读过的书，还清晰地记得全家搬去台湾时的情形。

有一日，我还在南京家里假山堆上看桑树上的野蚕，父亲回来了，突然拿了一大沓叫作金圆券的东西给我玩。我当时知道它们是一种可以换马头牌冰棒的东西，不禁吓了一跳，一看姐姐，手上也是一大沓，两人高兴得不得了，却发现家中的老仆人在流泪，说我们要逃难到台湾去了。

这便是三毛一生流浪的开始。在无忧的年纪，她并不能理解逃难的含义，全家上下打点行装，一片忙碌。三毛对逃难之前的印象并不深刻，在她的记忆里，仿佛是懵懵懂懂地随着家人上车，登上那艘叫作"中兴"的轮船，从此与宁静祥和的金陵作别。

逃难的记忆，就是母亲在中兴轮上吐得很厉害，好似要死了一般地躺着，我心里非常害怕，想帮她好起来，可是她无止无境地吐着。

陌生的环境，未知的前路，全家老小都在随波摇晃的船上，年幼的三毛承受着巨大的不安，而这种不安在母亲晕船的反应中变得具象化了。时至今日，透过这段文字，她那坐立不安的神情依旧清晰，那是从心底升起的茫然，是不知如何是好，也不知将来何在的恐慌。

1948 年，被中兴轮"裹挟"，三毛告别金陵，挥别快乐的童年，跟着家人来到了台湾岛。

初到台湾的生活，并没有最初想象的那般顺遂。由于金圆券大幅度贬值，三毛的父亲和伯父无法立即成立律师事务所，再加上两家一共有八个孩子，光是用在吃穿上的开销就很大，陈家的生活一度非常拮据，不得不将家中的金饰品变卖，以求糊口。

生活的艰难孩子们并不清楚，天生乐天派的性格，让他们对新的生活充满了期待。陈家到台湾后，住在台北建国北路朱厝仑，这里的房子都是日式建筑，从空间上说，与南京时的洋房相比，狭小而拥挤，但孩子们小小的心中还是充满了好奇和兴奋。

在朱厝仑的新家里，陈家的孩子们第一次见到榻榻米，发现还有必须脱鞋才能进入的房间，能光着脚在"地"上走，这让他们兴奋异常。不知是谁第一个喊起"解放了"，一时间，满屋的孩子都跟着叫起来。彼时的台湾因为内战，气氛依旧紧张，而"解放"这个词更是敏感，于是，孩子们还没有玩闹到尽兴，就被大人喝止了。

在三毛的记忆里，台湾的生活是暗淡的。朱厝仓周边颇为荒凉，少了南京时的车水马龙，更没什么商铺。父亲白天出外奔波，母亲沉默寡言，全家的大人都神色凝重，不闻笑声。到了晚上，孩子们在榻榻米上打地铺，到早上再收起来。就这样日复一日，平淡无波，但生活质量依旧在不断下滑。

很快，三毛上学了，除了学校的制服，她只有姐姐穿不下的旧衣服。在姐姐陈田心的记忆中，以前的夏天总有冰淇淋可吃，三毛却对冰淇淋的味道没有印象。

姐姐说，在大陆我们家每年夏日都吃那种东西的。我总不能有记忆。

虽然经济拮据，但母亲缪进兰还是坚持将三毛送进台北市中正国民小学。1950 年，三毛成为一名小学生。瘦小的她穿着蓝色的制服，胸前挂着"陈平"两个字，每天早上提着便当盒，匆匆赶往学校，开始了自己的学习生涯。

所有参加过应试教育的人，都明白应试与爱好的界限，但对于一个只有几岁的孩子来说，区分这两件事并不容易，尤其是像三毛这样从小自由的孩子，更是艰难坎坷。

在摸爬滚打的小学生涯中，三毛唯一没有放下的便是阅读，这是她在南京时养成的习惯，也是童年时代留下的闪光果实。

我没有不识字的记忆，在小学里，拼拼注音，念念国语日报，就一下开始看故事书了……初小的国语课本实在很简单，新书一发，我拿回家请母亲包好书皮，第一天大声朗读一遍，第二天就不再新鲜了。

因为学校的课本太简单，三毛最大的快乐就是看《学友》和《东方少年》，遇到不认识的字便去问姐姐。那段时间里，她读到了王尔德的童话。不过，《学友》和《东方少年》都是每月出一次，在这个月和下个月的空档里，无书可读的三毛无法压抑对新书的饥渴，于是开始翻看堂哥的书。

在二堂哥的书堆里，三毛遇见了鲁迅、巴金、老舍、周作人、郁达夫、冰心……那些她之前没听过的作家，一个个走到眼前，与《学友》上介绍的外国作家站到一起，混成一片新的文学风景。

很快，因为政治局势转变，当局开始禁书。那时的三毛不知政治为何物，更不明白书籍与政治的关系，她只知道那些书都不能看了。

有一日大堂哥说："这些书禁了，不能看了，要烧掉。"

什么叫禁了，并不知道，去问母亲，她说"有毒"，我吓了一大跳，看见哥哥们蹲在柚子树下烧书，我还大大地吁了口气，这才放下心来。

经历了"有毒"的禁书事件，三毛那强烈的阅读欲非但没有减弱，反而随着年岁的增长，变得更加浓烈和迫切了。刚好那个时期，朱厝仓附近也变得繁华起来。

又过了不知多久，我们住的地方，叫作朱厝仓的，开始有了公共汽车，通车的第一天，全家人还由大伯父领着去坐了一次车，拍了一张照片留念。

有了公车，这条建国北路也慢慢热闹起来，行行业业都开了市，这其中，对我一生影响最大的商店也挂上了牌子——建国书店。

建国书店是一间租书店，三毛发疯一样对这间书店念念不忘。在她的印象里，那是一家非常好的书店，老板也是爱书之人，店里不仅不租低级小说，老板还会将自己觉得不错的书介绍给三毛和她的姐姐。

当时的陈家并不富裕，于是，三毛成了家里"最不讲理"的孩子。

我无止无休地缠住母亲要零钱。她偶尔给我钱，我就跑去书店借书。有时候母亲不在房内，我便去翻她的针线盒、旧皮包、外套口袋，只要给我翻出一毛钱来，我就往外跑，拿它去换书。

就这样，三毛看完了书店里所有的儿童书。之后，三毛又转向国外的名著：《红花侠》《三剑客》《基督山恩仇记》《堂吉诃德》《飘》《简爱》《琥珀》《傲慢与偏见》《呼啸山庄》……

随着阅读量越来越大，三毛的阅读速度也越来越快，但对她来说，阅读的时间并不是问题。她在描述小学六年级看过的《射雕英雄传》时写道："看完并不算浪费时间，可怕的是，这种书看了，人要发呆个好多天醒不过来。"

阅读贯穿了三毛的整个小学时期，对她来说，这不是某一天发生的事，也不是一个时期集中发生的事，而是如生活习惯一样，每时每刻都需要进行的活动。

春去秋来，我的日子跟着小说里的人打转……奇怪的是，我是先看外国译本后看中国文学的，我的中文长篇，第一本看的是《风萧萧》，后来得了《红楼梦》已是五年级下学期的事情了。

那时的三毛已经上了高小，因为算术的难度加大，以及学校的作业越来越多，三毛忙得几乎没空看书，对阅读的渴望让她冒险在课堂上偷看。

记得第一次看《红楼梦》，便是书盖在裙子下面，老师一写黑板，我就掀起裙子来看。

当我初念到宝玉失踪，贾政泊舟在客地……突然看到岸边雪地上一个披着猩猩大红氅、光着头、赤着脚的人向他倒身大拜下去……不正是宝玉吗，这时候突然上来了一僧一道，挟着宝玉高歌而去……

当我看完这一段时，我抬起头来，愣愣地望着前方同学的背。我呆在那儿，忘了身在何处……我痴痴地坐着、痴痴地听着，好似老师在很远的地方叫着我的名字，可是我竟没有回答她。

老师居然也没有骂我，上来摸摸我的前额，问我："是不是不舒服？"

我默默地摇摇头，看着她，恍惚地对她笑了一笑。那么一刹那间，我顿然领悟，什么叫作"境界"，我终于懂了。

文学的美，终其一生，将是我追求的目标了。

后来的三毛，的确做到了。就在小学五年级的那个课堂上，她腿上摊开的《红楼梦》，在她心里种下了对文学热爱和执着的种子。那颗向往文学的心，砰然惊醒了。

01ᐟ 偷钱的滋味

三毛固然与同龄人有许多不同之处，但她仍然拥有和大部分孩子相似的回忆，比如，在小学三年级时的一次偷钱的经历。

这似乎是许多孩子都做过的事，小小的年纪，总有很渴求的小东西，这时断不敢在外面"犯案"，只能将目光投向家里，在父母的皮包和口袋里寻一两张钞票，但即使是这样的行径，对一个小孩来说，也仿佛是弥天大罪一般难熬难忘。

那一年，已经上小学三年级了，并没有碰过钱，除了过年的时候那包压岁钱之外……在我们的童年里，小学生流行的是收集橡皮筋和《红楼梦》人物画片，还有玻璃纸——包彩色糖果用的那种。

这些东西，在学校外面沿途回家的杂货铺里都有卖，也可以换。所谓换，就是拿一本用过的练习簿交给老板娘，可以换一颗彩色的糖。吃掉糖，将包糖的纸洗干净，夹在书里，等夹成一大叠了，又可以跟小朋友去换画片或者几根橡皮筋。也因为这个缘故，回家来写功课的时候总是特别热心，恨不能将那本练习簿快快用光，好去换糖纸。万一写错了，老师罚了重写，那么心情也不会不好，反而十分欢喜……也就在那么一个星期天，走进母亲的睡房，看见五斗柜上躺着一张红票子——五块钱。

当年一个小学老师的薪水大约是一百二十块台币一个月，五块钱……等于许多许多条彩色的橡皮筋，许多许多《红楼梦》里小姐丫头们的画片，等于可以贴一个大玻璃窗的糖纸，等于不必再苦写练习簿，等于一个孩子全部的心怀意念和快乐。

对着那张静静躺着的红票子，我的呼吸开始急促起来，两手握得紧紧的，眼光离不开它。

当我再有知觉的时候，已经站在花园的桂花树下，摸摸口袋，那张票子随着出来了，在口袋里。

三毛不敢回房间，也不敢跑出去买东西，只好闷声不响地蹲在院子里玩泥巴。到了午饭时，母亲念叨着不见了五块钱，同桌一起吃饭的姐姐和弟弟都没有作声，三毛却心虚地开口问："是不是你忘了地方，根本没有拿出来？"

这一问，三毛反而被父亲注意到。接触到父亲的眼光，三毛顿时"一口滚汤咽下去，烫得脸就红了"。

每到星期天，孩子们总要去睡午觉，三毛一向不爱睡午觉，再加上心里有事，更是坐立难安。一番挣扎后，三毛被扯上了床。母亲要脱她的长裤，三毛又慌又急，边嚷着头痛边挣扎着翻过身，半斜着压住右面口袋里的五块钱，闭上眼睛装睡。

看着三毛那古怪的样子，父母担心她在发烧，商量着是否带她去看医生，但只有三毛自己知道，那"五块钱就如汤里面滚烫的小排骨一样"，时刻烫着她的腿，让她不得安宁。

就这样，三毛一直在床上躺到午后。夏日的午后，大人会让孩子们到大树下，坐在小桌旁，之后给每人面前摆一碗冰镇绿豆汤，让他们在数柚子芭乐的过程中打发时间，而三毛的姐姐总是拿着一本书坐在一旁静静地读。

我们想听故事，姐姐就念一小段。总是说，多念要收钱，一小段不要钱。她收一毛钱讲一回。我们没有钱，她当真不多讲，自己低头看得起劲。有一次大弟很大方，给了她两毛钱，那个孙悟空就变了很多次，还去了火焰山。

不过那天，三毛的姐姐并不想讲《西游记》，她说可以给他们读《红楼梦》，里面有言情和恋爱，不过按照惯例，依旧要收钱。

我的手轻轻地摸过那张钞票，已经快黄昏了，它仍然用不掉。晚上长裤势必脱了换睡衣，睡衣没有口袋，那张钞票怎么藏？万一母亲洗衣服，摸出钱来，又怎么了得？书包里不能放，父亲等我们入睡了会去检查的。鞋里不能藏，早晨穿鞋母亲会在一旁看。抽屉更不能藏，大弟会去翻。除了这些地方，一个小孩子是没有地方了，毕竟属于我们的角落太少了。

　　既然姐姐说故事收钱，不如给了她，卸掉自己的重负。于是我问姐姐有没有钱找？姐姐问是多少钱要找？我说是一块钱，叫她找九毛来可以开讲恋爱了。她疑惑地问我："你哪来一块钱？"我又脸红了，说不出话来。其实那是整张五块的，拿出来就露了破绽。

　　那天晚上，魂不守舍的三毛被拉去看医生。母亲说她一天都在脸红，人很烦躁，不讲话也不想吃东西，但医生却说三毛没生病，只让她回去早点睡。

　　回到家，三毛被拖去洗澡。洗澡自然要脱衣服，三毛慌得不行，心里又急又怕，最后忍不住哭了起来。见她哭闹，母亲便决定只让工人玉珍给她洗腿，三毛这才勉强松了口气。

　　等换上睡衣，没了口袋，三毛只能将钱握在拳头里。终于等到兄弟姐妹都上了床，等到母亲去浴室，而父亲在客厅坐着的机会。

　　我赤着脚快步跑进母亲的睡房，将钱卷成一团，快速地丢到五斗柜跟墙壁的夹缝里去，这才逃回床上，长长地松了口气。

　　那个晚上，想到许多的梦想因为自己的胆小而付诸东流，心里酸酸的。

　　就这样，一夜辗转，却也过得很快。第二天早上，又是痛苦而平淡的星期一。

早饭时，三毛装作不经意地询问母亲有没有找到丢失的五块钱，但母亲并没有看到还回去的钱。

我吃了饭，背好书包，忍不住走到母亲的睡房去打了一个转，出来的时候喊着："妈妈，你的钱原来掉在夹缝里去了。"母亲放下碗，走进去，捡起了钱说："大概是风吹的吧！找到了就好。"

那时，父亲的眼光轻轻地掠了我一眼，我脸红得又像发烧，匆匆地跑出门去，忘了说再见。

偷钱的故事就这样平淡地翻了过去，没有人戳破，但当时的场景却依旧在三毛的心里清晰了很多年，她甚至记得那之后家中的变化，那些她在当年感到奇怪、后来却恍然明了的变化。

奇怪的是，那次之后，父母突然管起我们的零用钱来，每个小孩一个月一块钱，自己记帐，用完了可以商量预支下个月的，预支满两个月，就得——忍耐。

也是那次之后的第二个星期天，父亲给了我一盒外国进口的糖果，他没有说慢慢吃之类的话。我快速地把糖果剥出来放在一边，将糖纸泡在脸盆里洗干净，然后一张一张将它们贴在玻璃窗上等着干。

那个下午就在数糖纸的快乐里悠悠地度过了。

等到后来三毛再说起这件事，母亲已经不记得了，只是问她："怎么后来没有再偷了呢？"三毛回答说："那个滋味并不好受。"

说着却发觉姐姐弟弟们都在笑，原来他们都做过一样的事，也都一样地煎熬过。

那些往事里的奇怪，那些突然开始配发的零用钱和进口糖果，三毛并没有过多解释。回忆的笔下，父亲什么都没有说。

也许当初的三毛并不清楚，但当流年悠悠，再次提笔写当年，她早已了然。她明白父亲当时是知道的，因为她回忆起父亲两度投来的目光，因为父亲不声不响地送她的糖果，因为那个快乐的星期天下午，因为那一玻璃窗好看的糖纸，满满地沾染着父母的爱与自省。

02 · 好大一个兵

相比于从前的自在游玩，学校生活枯燥而漫长。来自校外的新鲜事物总能引起三毛的注意，并在她的记忆里留下不可磨灭的印迹。

那时候，每到九月中旬，便会有南部的军队北上来台北，等待十月十日的阅兵典礼。军人太多，一时没有地方住，便借用了小学的部分教室作为临时的居所。兵来，我们做小孩的最欢迎，因为平淡的生活里，突然有了不同的颜色加入，学校生活变得活泼而有生趣。下课时，老兵们会逗小孩子，讲枪林弹雨、血肉横飞又加鬼魅的故事给我们听……每一年，学校驻兵的时候，那种气氛便如过年一样，十分激荡孩子的心。

学生看军人，只觉得他们是大人，既好奇又新鲜；军人看学生，很多时候都掺杂着对儿女的疼爱。

那是一名不会说话的炊兵，却机缘巧合地成为三毛小学时代最好的大朋友。事情的起因，源于一头疯掉的水牛。

那天上学的时候并没有穿红衣服，却被一只疯水牛一路追进学校……好不容易逃进了教室，疯牛还在操场上翻蹄子踢土……就是那一天，该我做值日生。值日生的姓名每天由风纪股长写在黑板上，是两个小孩同时做值日……疯水牛还在操场上找东西去顶，风纪股长却发现当天班上的茶壶还是空的……逼我当时就去厨房提水，不然就记名字……我拎了空水壶开门走到外面，看也不看牛，拼着命地往通向厨房的长廊狂奔。

　　三毛成功地到了厨房，由老校工将水壶注满热水，但她不能提着热水跑回教室，只能蹲在走廊边看着操场上的牛。想到风纪股长会记名字交给老师，三毛一时间急得哭了起来。幸运的是，很快驻军出完早操回到学校，将疯牛从操场上赶出学校，轰进了田野。

　　见牛走远，三毛提起大茶壶，慢慢地向教室走去。突然，身后传来咻咻的喘息声，她以为牛又来了，马上丢了水壶蹲了下来，双手抱头，一动也不敢动。

　　觉得被人轻轻地碰了一下紧缩的肩，慢慢抬头斜眼看，发觉两只暴突有如牛眼般的大眼睛呆呆地瞪着我，眼前一片草绿色。

　　我站了起来——也是个提水的兵，咧着大嘴对我啊啊的打手势。他的水桶好大，一个扁担挑着，两桶水面浮着碧绿的芭蕉叶。漆黑的一个塌鼻子大兵，面如大饼，身壮如山，胶鞋有若小船。乍一看去透着股蛮牛气，再一看，眼光柔和得明明是个孩童。

我用袖子擦一下脸，那个兵，也不放下挑着的水桶，另一只手轻轻一下，就拎起了我那个千难万难的热茶壶，做了一个手势，意思是——带路，就将我这瘦小的人和水都送进了教室。

那时，老师尚未来，我蹲在走廊水沟边，捡起一片碎石，在泥巴地上写字，问那人——什么兵？那个哑巴笑成傻子一般，放下水桶，也在地上划——炊兵。炊字他写错了，写成——吹兵。

从此，小学四年级的三毛，与哑巴炊兵成了朋友，她教他写字，教他区分"吹"和"炊"的区别。三毛在回忆起那段日子时，说那时的自己"是光荣的，每天上课之前，先做小老师，总是跟个大汉在地上写字。"

哑巴炊兵的故事很酸楚，那是他们通过打手势、画画、写字再加上猜测才讲清的故事。哑巴炊兵之前在四川的乡下种田，当时他的妻子临产，他去省城抓药的路上被军队捉去担东西，这一走便一路到了台湾，连自己的孩子是男是女都不知道。

讲完那天，哑巴用他的大手揉揉我的头发，将我的衣服扯扯端正，很伤感地望着我。我猜他一定在想，想他未曾谋面的女儿就是眼前我的样子。

也不知日子过了多久，哑巴每日都呆呆地等，只要看见我进了校门，他的脸上才哗一下开出好大一朵花来。后来，因为不知如何疼爱才好，连书包也抢过去代背，要一直送到教室口，这才依依不舍地挑着水桶走了。

哑巴炊兵的乡愁与怅然，使得他将三毛看作女儿一般，他会将芭蕉叶子割成方形，送给三毛当写字垫板。三毛也将哑巴炊兵当作最可靠的大朋友，会将话梅或是自己美劳课的手工送给他，不然就在放学后和他一起玩跷跷板。

玩跷跷板时，从来都是三毛坐着，哑巴用手压着坐板，小心地升降，生怕跌痛了三毛。夕阳渐落，操场上两道剪影，安静地升起、落下，一个是小小的三毛，一个是大大的炊兵。

有一次，我们在地上认字，男生欺负哑巴听不见，背着他抽了挑水的扁担逃到秋千架边用那东西去击打架子。我看了追上去，揪住那个光头男生就打……最后将男生死命一推，他的头碰到了秋千，这才哇哇大哭着去告诉老师了。

那是我生平第一次在学校打架，男生的老师也没怎么样，倒是哑巴，气得又要骂又心痛般地一直替我掸衣服上的泥巴。然后，他左看我又右看我，大手想上来拥抱这个小娃娃，终是没有做，对我点个头，好似要流泪般地走了。

很快，军队启程的日子临近了。三毛并不知道分别在即，只记得有一天，哑巴炊兵神秘兮兮地向她招手，她跑上去，在他那粗糙的掌心里看到一枚金戒指。

那时候，陈家的金饰早已尽数变卖，在三毛的记忆里，那是她生平第一次看见金子。看着递到自己面前的戒指，三毛害怕了，她摇着头将手放在背后，生怕哑巴炊兵硬塞到她手里。哑巴炊兵见她不收，便蹲下来在地上写："不久要分别了，送给你作纪念。"

三毛实在不知道该怎么回答，只好草草地说了声再见，便飞快地跑掉了。也正是那一天，三毛的老师"悄悄"地去她家进行了一次家访。

家庭访问是大事，一般老师都是预先通知，提早放学，由小朋友陪着老师一家一家去探视的。这一回，老师突袭我们家，十分怪异，不知道自己犯了什么错，几乎担了一夜的心。而母亲，没说什么。

第二天才上课，老师将三毛叫到办公桌前，低声询问她与哑巴炊兵相识的经过。问过后，老师很轻很轻地问三毛："他有没有对你不轨？"

老师如临大敌般的慈祥与小心，让三毛感到异常不安。那时她根本不懂什么叫不轨，只是直觉告诉三毛，老师一定误会了哑巴，不轨一定是一种坏事。对老师家访目的的紧张与茫然，再加上莫名的委屈，转化成一种气愤，三毛不知该说什么，一下就气得大哭起来。

是因为珍惜与哑巴炊兵的友谊，是因为觉得老师践踏了那份友谊，才会气到嚎啕大哭，但在老师眼中，三毛的哭泣另有意味。

那天放学，老师拉着我的手一路送出校门，看我经过等待着的哑巴，都不许停住脚。

哑巴和我对望了一眼，我眼睛红红的，不能打手势，就只好走。老师，对哑巴笑着点点头。

到了校门口，老师很凶很凶地对我说："如果明天再跟那个兵去做朋友，老师记你大过，还要打——"我哭着小跑，她抓我回来，讲："答应呀！讲呀！"我只有点点头，不敢反抗。

第二天，我没有再跟哑巴讲话，他快步笑着迎了上来，我掉头就跑进了教室。哑巴站在窗外巴巴地望着，我的头低着……是命令，不可以再跟哑巴来往，不许打招呼，不可以再做小老师，不能玩跷跷板，连美劳课做好的一个泥巴砚台也不能送给我的大朋友——

而他，那个身影，总是在墙角哀哀地张望着。

在老师眼中，一个五大三粗的兵，一个诸事不懂的小女孩，这样亲密无间的关系实在不正常。三毛的老师并没有去看那哑巴炊兵孩童似的眼睛，也并不相信那个关于抓兵的故事。在老师的眼中，哑巴炊兵接近三毛的行为里，含着龌龊的、常人无法启齿的歹意。

就这样，怀揣着一颗沉重和悲伤的心，三毛与哑巴炊兵断了联系。

终是在又一次去厨房提水的时候碰到了哑巴。他照样帮我拎水壶，我默默地走在他身边。那时，国庆日也过了，部队立即要开发回南部去，哑巴走到快要到教室的路上，蹲下来也不找小石子，在地上用手指甲一直急着画问号，好大的"？"画了一连串十几个。他不写字，红着眼睛就是不断地画问号。

"不是我。"我也不写字，急着打自己的心，双手向外推。

哑巴这回不懂，我快速地在地上写："不是我！不是我！不是我！"

他还是不懂，也写了："不是给金子坏了？"我拼命地摇头。

又不愿出卖老师，只是叫喊："不要怪我！不是我，不是我，不是我……"用喊的，他只能看见表情，看见一个受了委屈的小女孩的悲脸。

就那样跑掉了，而哑巴的表情，我一生不能忘怀。

三毛曾经以为，那便是她和哑巴炊兵的告别。部队离开时，孩子们正在教室里跟着风琴唱歌，曲子演奏到活泼高昂时，伴奏突然停了。

哑巴炊兵来找她了。

老师又惊又怕，大叫着想赶走哑巴炊兵。三毛连忙跑出教室，将哑巴炊兵喊了过来。那天，哑巴炊兵塞给三毛一个纸包，握着三毛的双手咿咿呀呀地道别，接着立正敬礼，之后转身快步走了。

我呆在那儿，看着他布满红丝的凸眼睛，不知做什么反应。

他走了，快步走了。一个军人，走的时候好像有那么重的悲伤压在肩上，低着头大步大步地走了。

纸包上有一个地址和姓名，是部队信箱的那种。

纸包里，一大口袋在当时的孩子眼中贵重如同金子般的牛肉干。一生没有捧过那么一大包牛肉干，那是新年才可以分到一两片的东西。老师自然看了那些东西。

地址，她没收了，没有给我。牛肉干，没有给吃，说要当心，不能随便吃。

校工的土狗走过，老师将袋子半吊在空中，那些牛肉干便由口袋中飘落下来，那只狗，跳起来接着吃，老师的脸很平静而慈爱地微笑着……

那是今生第一次负人的开始，而这件伤人的事情，积压在内心一生，每每想起，总是难以释然，深责自己当时的懦弱，而且悲不自禁。

　　人生总不得已，那时的三毛还不知道，学生时代还有更多更苦的不得已，正像军人的队伍一样，步伐冷峻地向她走来。

03 · 我的梦想

寡言的人，常在心里做着梦，梦与现实的夹缝中，溢出的是内心灿烂的阳光，三毛虽然自小叛逆古怪，但她一直心怀梦想。

三毛的作文一向很好，每次布置作文题目，老师都会让三毛朗读自己的作文，可是，三毛那篇《我的志愿》，却遭到了狂风暴雨般的批评。

"我的志愿——

我有一天长大了，希望做一个拾破烂的人，因为这种职业，不但可以呼吸新鲜的空气，同时又可以大街小巷地游走玩耍，一面工作一面游戏，自由快乐得如同天上的飞鸟。更重要的是，人们常常不知不觉地将许多还可以利用的好东西当作垃圾丢掉，拾破烂的人最愉快的时刻就是将这些蒙尘的好东西再度发掘出来，这……"

念到这儿，老师顺手丢过来一只黑板擦，打到了坐在我旁边的同学，我一吓，也放下本子不再念了，呆呆地等着受罚。

"什么文章嘛！你……"老师大吼一声。她喜怒无常的性情我早已习惯了，可是在作文课上对我这样发脾气还是不太常有的。

"乱写！乱写！什么拾破烂的！将来要拾破烂，现在书也不必念了，滚出去好了，对不对得起父母……"老师又大拍桌子惊天动地地喊着。

"重写！别的同学可以下课。"她瞪了我一眼便出去了。于是，我又写：

"我有一天长大了，希望做一个夏天卖冰棒，冬天卖烤红薯的街头小贩，因为这种职业不但可以呼吸新鲜空气，又可以大街小巷地游走玩耍，更重要的是，一面做生意，一面可以顺便看看，沿街的垃圾箱里，有没有被人丢弃的好东西，这……"

第二次作文缴上去，老师划了个大红叉，当然又丢下来叫我重写。结果我只好胡乱地写着："我长大要做医生，拯救天下万民……"老师看了十分感动，批了个甲，并且说："这才是一个有理想，不辜负父母期望的志愿。"

三毛在作文里改了口，但她从未放弃拾荒的兴趣，那是她从三岁左右就早早养成并维持一生的习惯。

说起来，在我们那个时代的儿童，可以说是没有现成玩具的一群小孩。树叶一折当哨子，破毛笔管化点肥皂满天吹泡泡，五个小石子下棋，粉笔地上一画跳房子，粗竹筒开个细缝成了扑满，手指头上画小人脸，手帕一围就开唱布袋戏，筷子用橡皮筋绑紧可以当手枪……那么多迷疯了小孩子的花样都是不花钱的，说得更清楚些，都是走路放学时顺手捡来的……

我自小走路喜欢东张西望，尤其做小学生时，放学了，书包先请走得快的同学送回家交给母亲，我便一人田间小径上慢吞吞地游荡，这一路上，总有说不出的宝藏可以拾起来玩。

有时是一颗弹珠，有时是一个大别针，有时是一颗狗牙齿，也可能是一个极美丽的空香水瓶，又可能是一只小皮球，运气再好的时候，还可以捡到一角钱。

这些，是一个孩子所能发现的极限。当这个习惯伴随着三毛成长为少女，当她带着这个习惯游走在撒哈拉沙漠、加纳利群岛时，她的藏品变得更加丰富。甚至还因为拾荒，三毛在加纳利群岛认识了此生唯一一个"拾荒同好"。

我的小学老师因为我曾经立志要拾荒而怒叱我，却不知道，我成长后第一个碰见的专业拾荒人居然是一个小学老师变过来的，这实在是十分有趣的事情。

如果说拾荒是三毛贯穿一生的习惯，那么绘画则是她一生的爱好。这位在文坛上留下传奇文字的女子，早年间热爱和学习的，却一直是绘画。在三毛的印象中，自己对美术一生的爱，萌芽于小学五年级时期。

那时，美术老师经常拿着简单的几何体石膏让学生们画，画得越像，分数越高，而三毛永远是画不像的那种学生，所以经常被老师惩罚打扫房间。

美术课是一种痛苦……为什么偏要逼人画得一模一样才会不受罚？如果老师要求的就是这样，又为什么不用照相机去拍下来呢？当然，这只是我心里的怨恨，对于什么才是美，那位老师没有讲过，他只讲"术"。不能达到技术标准的小孩，就被讥笑为不懂美和术。

本来，我的想象力是十分丰富的，在美术课上次次被扼杀，才转向作文上去发展了——用文字和故事，写出一张一张画面来。

虽然美术课让三毛心灰意冷，但命运适时地门缝初启，将美术的光芒展现在三毛的眼前，也为她展现了一个全新的世界。在她与哑巴炊兵告别后的第二年九月，军队再一次借住学校。

上学时，三毛很喜欢玩单杠。她喜欢像蝙蝠一样双脚倒吊在单杠上晃动，直到因大脑充血过多而流鼻血才下来。那天，三毛又流鼻血了，一名好心的少校将她带回房间洗脸。

每到军队来借住，低年级学生便分成上午班和下午班，空出的教室给普通士兵住。军官则可以独占一个房间，那名少校就住在大礼堂后面的房间里。

军官给我洗脸，我站着不动。也就在那一霎间，看见他的三夹板墙上，挂了一幅好比报纸那么大的一张素描画。画有光影，是一个如同天使般焕发着一种说不出有多么美的一张女孩子的脸——一个小女孩的脸。

我盯住那张画，吃了一惊，内心……所生出的那种激荡，澎湃出一片汪洋大海……那是一场惊吓……是一声轻微低沉的西藏长号角由远处的云端中飘过来，飘进了孩子的心。那一刹那间，透过一张画，看见了什么叫作美的真谛。

完全忘记了在哪里，只是盯住那张画看，看了又看，看了又看，看到那张脸成了自己的脸。

军官见三毛呆呆的，以为她害怕自己，便催三毛回去上课。三毛人走了，魂魄却被那张素描牢牢摄住，无法回转。从那天开始，只要一下课，三毛便冲出教室，穿过操场跑去礼堂。

少校居住的后间不能随便进入，所以三毛总是从窗口看画。她先是自己看，后来又拉着同学一起看，再后来，大家都没了兴趣，只有三毛一个人每天跑去七八次，"与那位神秘的人脸约会"。

我痴望着那张画，望到心里生出了一种缠绵和情爱——对那张微微笑着的童颜。

也是一个下课的黄昏，又去了窗口。斜阳低低地照着已经幽暗的房间，光线蒙蒙地贴在那幅人的脸上，孩子同样微笑着。光影不同，她的笑和白天也不同。我恋着她，带着一种安静的心情，自自然然地滴下了眼泪。

……那年，我十一岁半。

美术老师没有告诉我什么是美……而一次军队的扎营，却开展了我许多生命的层面和见识，那本是教育的工作，却由一群军人无意中传授给了我。

十月十日过去了，军队要开回南部，也意味着那张人脸从此是看不到了，军官会卷起她，带着回营。而我没有一丝想向他讨画的渴求，那幅最初对美的认知，已经深入我的心灵，谁也拿不去了。

在后来的岁月里，三毛看过很多画，很多很多名画，但她依旧记得第一次向她展现绘画之美的图画，在学校操场对面的礼堂里，那个小小的房间墙上的微笑的女孩面容。

三毛是认真的，无论是拾荒的习惯，还是绘画的爱好，她都很认真地坚持和贯彻着，就像在贫瘠的土地上用尽心力灌溉一株树苗一样。她浪迹天涯，将捡拾的身影投向海天相交的地方；她携着画箱，将无数色彩涂在自由的线条中。她的梦想不是随口说说，也不是少年时的三分钟热血。

从幼年到少年，执拗的女孩慢慢长大，不变的是曾经写下的志愿，是曾经震撼心灵的艺术追求。她的梦想很认真，她少时的生活、后来的人生，也同样认真得令人动容。

这种认真在她十三岁那年，已经演变为对生活的计划和向往。当她在二堂哥陈懋良那里看到毕加索的画册时，三毛被迷住了。她开始急着长大，以便成为毕加索的妻子。

毕加索当然没有等到三毛长大，但后来西柏林的毕加索画展，以及坐落在西班牙的毕加索美术馆，成了三毛在留学时代流连的地方。在画展上，三毛感受到"今生再见一次惊心动魄，如同小学时操场上那个睁大了眼睛的孩子。"

回想一生对于美术的挚爱，心中浮上的却是国民学校小房间中那个女童的脸。我知毕加索的灵魂正在美术馆中省视着我，而我，站在那一张张巨著之前，感激的却是那个动了怜悯之心带我去擦血的军官。如果不是当年他墙上的一幅画，我如何能够进入更深的殿堂之门？我猜想，毕加索如果知道这一故事，也是会动心的。

那个军官和小女孩的故事之所以动人，恰是因为那种震撼，那是足以改变一个人生命轨迹的震撼，是一个由意外引发的美丽的生命奇迹。

04 · 匪兵甲与沉默的约会

在当时的小学校里，男生和女生是禁止说话也不可能一同上课的，如果男生对女生友爱一些，或者笑一笑，第二天沿途上学去的路上，准定会被人在墙上涂着"某年某班某某人爱女生不要脸"之类的鬼话……其实，我们女生的心里都有在爱一个男生。

我的第一次求婚意向发生得很早……爱上了一个光头男生，当然他就是匪兵甲。我们那时演话剧，剧情是"牛伯伯打游击"。我演匪兵乙。匪兵总共两人，乙爱上甲理所当然。

那时三毛正读高小，学校每年开学后都会举行校际同乐会，各班级都会演出节目。那年的同乐会有两出话剧，除了三毛姐姐女扮男装主演的《吴凤传》，另一个叫《牛伯伯打游击》，两出话剧每天中午都在大礼堂彩排。

我吃完了便当，就跑去看姊姊如何舍身取艺。她演得不大逼真，被杀的时候总是跌倒得太小心，很娘娘腔地叫了一声"啊——"

吴凤被杀之后，接着就看牛伯伯如何打游击，当然，彩排的时候剧情是不连贯的。

看了几天，那场指导打游击的老师突然觉得戏中的牛伯伯打土匪打得太容易了，剧本没有高潮和激战。于是他临时改编了剧本，用手向台下看热闹的我一指，说："你，吴凤的妹妹，你上来，来演匪兵乙，上——来——呀！"

就这样，以后的午休时间，三毛便和匪兵甲一起蹲在布幔遮住的长板凳上，等着牛伯伯东张西望地走过来，再一起蹦出去，拿着扫帚柄齐声对牛伯伯大喊："站住！哪里去？"

在三毛的记忆中，匪兵甲的容貌已经变得很模糊了，只有他那刮得发亮的大光头依旧清晰，他的头上总有一圈淡青色的微光时隐时现。

始终没有在排演的时候交谈过一句话……天天一起蹲着，那种神秘而又朦胧的喜悦却渐渐充满了我的心。总是默数到第十七个数字，布幔外牛伯伯的步子正好踩到跟前，于是便一起拉开大黑布叫喊着厮杀去了。

在午休时的慵懒中，在无人看见的幔布后面，两个人静静地蹲着等，静静地呼吸着同一处的空气，等待着同一个时机，每天，每天……

当同乐会结束时，多愁善感的三毛发觉自己已经爱上了那个男生，那个每天都蹲在她身边的匪兵甲。可是那时候，男生班里却传出"匪兵乙爱上牛伯伯"的谣言。一下课，男生就成群结队地跑到女生班门口起哄，甚至连上学途中的墙上也被人涂了牛伯伯和匪兵乙正在恋爱的"鬼话"。

三毛的内心是难受的，并不是因为男生们的叫嚣，而是因为他人的误解，她喜欢的明明是匪兵甲呀！

有一天，下课后走田埂小路回去，迎面来了一大群男生死敌，双方在狭狭的泥巴道上对住了，那边有人开始嘻皮笑脸地喊，慢吞吞的："不要脸，女生——爱——男——生——"

我冲上去要跟站第一个的男生相打，大堆的脸交错着扑上来，错乱中，一双几乎是在受着极大苦痛而又惊惶的眼神传递过来那么快速的一瞬，我的心，因而尖锐甜蜜地痛了起来。突然收住了步子，拾起掉到水田里的书包，低下头默默地侧身而过，背着不要脸呀不要脸的喊声开始小跑起来。

这一瞬的凝视，让三毛认定匪兵甲的眼里是有她的。对那个沉浸在喜悦和煎熬中的小女生来说，只要匪兵甲懂得便足够了。

一日午休时，三毛从窗口看见匪兵甲和牛伯伯正在操场上打架。

匪兵被压在泥巴地上，牛伯伯骑在他身上，一直打一直打。

那是雨后初晴的春日，地上许多小水塘，看见牛伯伯顺手挖了一大块湿泥巴，拍一下糊到匪兵甲的鼻子和嘴巴上去，被压在下面的人四肢无力地划动着。那一刹，我几乎窒息死去，指甲掐在窗框上快把木头插出洞来了，而眼睛不能移位。后来，我跑去厕所里吐了。经过了那一次，我更肯定了自己的那份爱情。

为了这个隔壁班的男生，三毛神魂颠倒了近一年半的时间，她每个晚上都哀求神明，祈求长大后让她做那个人的妻子，"哀哀地求，坚定地求，说是绝对不反悔的。"这便是三毛的"第一次求婚"，那祷告一直持续到初中，却终抵不过时间的洪流。

有一次反反复复地请愿，说着说着，竟然忘了词，心里突然浮上了一种跟自己那么遥远的无能为力和悲哀。

直到多年以后的同学聚会，有人拿出那一届的毕业纪念册，三毛再一次见到了匪兵甲。

顺着已经泛黄了的薄纸找名单——六年甲班的。找到了一个人名，翻到下一页，对着一排排的光头移手指，他，匪兵甲，就在眼前出现了。连忙将眼光错开，还是吃了一惊，好似平白被人用锄头敲了一下的莫名其妙。

这段故事回想起来自然是一场笑剧，可是当日的情怀并不如此，爱情的滋味即使是单恋吧，其中还是有着它的痴迷和苦痛。小孩子纯情，不理什么柴米油盐的，也不能说那是不真实。

时隔多年后回首张望，那个年纪里的爱情忽然变得渺远而莫名其妙，想起时若有所失，却又隐隐地感到心有所悟，就在这迷茫得失之间倏地长大，当初那种非他不嫁的感觉早已不在，但至少那份不问结果的执着和努力，一直温暖着年少的记忆。

如果说匪兵甲的故事是三毛少时无知的单恋，那么集体约会，则是三毛在感情上的第一次勇敢行动。

在三毛的印象里，直到初二学了"生理卫生"课，她才知道小孩子是从哪里来的。而在小学时期，她甚至没有机会与男生说话，只知道不能与男生太亲近，如果碰一碰手，亲吻一下就会生出小孩来，于是她对男生这些"生物"，便越发恐惧起来。

高小时，三毛与几个女生关系很好，好到聚在校园的树下结了七个金兰，因为三毛年纪最小，所以排行老七。

义结姊妹以后，心情上便更亲爱了，上学走路要绕弯，一家一家门口去喊那人的名字，叫到她蹦出来为止。中午吃便当就不会把饭盒半掩半开的不给旁人看是什么菜了，大家打开饭盒交换各家妈妈的爱。吃饭只得十五至二十分钟，因为课业重。可是讲闲话必是快速地抢着讲，那段时光最是一生中最大的快乐。

虽然对于生小孩子这件事情大家都有极大的恐惧，可是心里面对那些邻班的男生实在并没有恶感。讲起男生来当然是要骂的，而且骂得很起劲，那只是虚张声势而已……男生班就在隔壁，那些心中爱慕的对象每天出出进进，早也将他们看在眼里、放在心底好一阵子了。

多看了人家，那些男生也是有感应的，不会不知道，只是平时装成趾高气扬，不太肯回看女生。朝会大操场上集合时，还不是轻描淡写地在偷看。这个，我们女生十分了然。

有一天，三毛的一个大胆的姐妹与隔壁班的男生讲了几句话，竟与隔壁班那七个男生约好到学校附近的小池塘去约会。约会是新奇的，但要如何约定时间和日期，却成了难题。

男生们是勇敢的，第二天下课时，那几个男生结队跑到女生教室的走廊上，对着三毛这七姐妹又骂又扔粉笔，最后丢进一个小布袋的断粉笔来，袋子里藏着纸片，写着"就在今天，池塘相会"。

下了课，这七个人背了书包就狂跑，一直跑一直跑，跑到那长满了遍地含羞草的池塘边去。也许女生去得太快了，池塘边男生的影子也没一个……眼看夕阳西下，而夜间的补习都要开始了，男生们却却根本没有出现。离开池塘时，我们七个都没有讲太多话，觉得自尊心受了伤害，难堪极了。

也不敢去问人家为何失约，也不再装腔作势地去骂人了，只是伤心。那时候快毕业了，课业一日加重一日，我们的心情也被书本和老师压得快死了，也就不再想爱情的事情，专心念起书来。

……

眼看毕业典礼要到了，男生似乎是想"赴死一战"，于是又传话，约女生们在填"初中联考志愿单"的第二天去看电影。

那天是星期日，不必补习，其中一个姐妹有事不能去，三毛和其他五个人穿着制服，坐公交到了延平北路的"第一剧场"。

男生们已经等在那里，但彼此都害羞而慌乱，于是男生在前面走，女生在后面好远地跟着。买电影票时，男生和女生也是分开来各自去买。等进去了，男生坐在单号左边，女生坐在双号右边，中间隔了好几排。

电影自然是无心看的，终于等到电影散场，男生和女生依旧无话可说，女生走在前面去吃仙草冰，男生则站得远远的地方等着。到最后，男生和女生又坐了同样的公车回家，前车厢，后车厢，没有话可讲。

下车，我们又互看了一次，眼光交错地在一群人里找自己的对象。那一场拼了命去赴的约会，就在男生和男生喊再见，女生跟女生挥手的黄昏里，这样过去了。

05　老师爱"魔鬼"

对于学校，三毛的印象并不好。记忆里的灰暗，总绕不开繁重的课业和严厉的老师。

回想起小学四年级以后的日子，便有如进入了一层一层安静的重雾，浓密的闷雾里，甚而没有港口传来的船笛声……

我们总是在五点半的黑暗中强忍着渴睡起床……清晨六点一刻开始坐进自己的位置里早读，深夜十一时离开学校，回家后喝一杯牛奶，再演算一百题算术，做完之后如何躺下便不很明白了，明白的是，才一阖眼就该再起床去学校了。

这是面对初中联考前两年的日子……当时，我们全科老师是一个教学十分认真而又严厉的女人。她很少给我们下课，自己也不回办公室去，连中午吃饭的时间，她都舍不得离开我们。我们一面静悄悄地吃便当，一面还得洗耳恭听老师习惯性的骂人。我是常常被指名出来骂的一个。一星期里也只有两堂作文课是我太平的时间。

在三毛的记忆里，她的老师那年二十六岁，涂着鲜红的嘴唇，胸前还挂着一条金链子，爱穿小腿后侧有装饰线的丝袜，每次她一走路，"美丽的线条便跟着在窄窄的旗袍下晃动"。

老师的形象是美丽的，但她体罚起学生来，却是毫不留情。

为了防备督学的检查，白天学习的是教育部编的课本，晚上则做老师准备的考试题。做完考试题后，同学之间交换批改，之后还要带一大张算术题回家去做。

晚间补习时的考题若是做错，第二天早上就要受罚。一百分的考题若答了八十六分，就要卷起袖子让老师用竹教鞭抽十四下。

如果不用鞭子，她就坐在办公桌后捏学生的眼皮，或是走到课桌前，揪住并坐的两个学生的头，用力地互相撞。遇到生气时，她还会在午间让学生们跑操场，只有昏过去的人才能到医疗室休息一下。

我从来没有恨过我的小学老师，我只是怕她怕得比死还要厉害……在那种时候，老师，便代表了一种分界，也代表了一个孩子眼中所谓成长的外在实相——高跟鞋、窄裙、花衬衫、卷曲的头发、口红、项链……能够对于未来窥见一丝曙光的，就只有在那个使我们永远处在惊恐状态下女老师的装扮里。

那时的三毛只是一心盼望自己快些长大，快些告别书本和学校，可以不再被打，可以自由地生活。在她看来，长大"是一种光芒，一种极大的幸福和解脱，长大是一切的答案，长大是所有的诠释……"可是同时，三毛又觉得自己根本活不到长大就会被学校"折磨"死，这种巨大的渴想和悲伤，让她感到绝望和无力。

我一直期望，只要忍得下去，活到二十岁就很幸福了。

常常在上课的时候发呆，常常有声音，比老师更大的空空茫茫的声音在脑海中回响——二十岁——二十岁——二十——岁……如果可以忍到二十岁，那时候令人惊慌无比的老师和学校就一定有力量抵抗了。那时候，就不会这么苦了，现在——现在才十一岁，而我的现在，实在过不下去了。

一次，因为想得太出神，三毛被老师用黑板擦砸得满脸都是白色的粉笔灰。三毛捂着脸冲出教室，跑到校园角落的树下大哭一场。最后是老师找到了三毛，带她回去擦脸，但老师的毛巾并不能擦去三毛内心的绝望阴影，她更加感到自己将"命丧小学"。

接下来的作文课上，三毛没有按照题目写，而是写下了这样的话：

想到二十岁是那么的遥远，我猜我是活不到穿丝袜的年纪就要死了，那么漫长的等待，是一个没有尽头的隧道，四周没有东西可以摸触而只是灰色雾气形成的隧道，而我一直踩空，没有地方可以着力，我走不到那个二十岁……

但老师并不能理解三毛的渴望，她质问三毛为什么要为了丝袜而长大，难道二十岁的时候只要涂口红、打扮、穿漂亮衣服吗？

老师不可能懂得一支口红并不只是代表一支口红背后的那种意义。

那段时间里，三毛每天睡前都在心里盼望着学校失火或是老师摔断了腿，但她的梦想并没有实现过。

就在三毛被疯牛一路追进学校的那天，一向严厉的老师突然变得有些不一样。

她没有去算前一晚错题的账，而是让学生们自习，她自己则不停地查看桌子，接着，她开始问是谁最早到的学校。因为被牛追赶，三毛是班里第一个到学校的，于是老师便追问三毛进教室以后做了什么，有没有偷看她的日记。

三毛自然没有偷看，但老师似乎并不相信，这让三毛紧张了一个早晨。终于，老师将她叫到桌前，让她去给六年级甲班的李老师送信。

那是一封淡蓝色的信，并没有封口，三毛被老师冤枉，心里很不服气，索性在走廊的转弯处抽出那封信偷看。信上全都是日文，其中还夹着两个汉字——魔鬼。三毛吓了一跳，以为他们之间一定有什么仇隙，于是匆匆地送完信便回了自己的教室。

结果就在那天晚饭后，在班长的带领下，三毛和同学们惊讶地发现自己的老师和李老师正在约会。

昏暗的大礼堂里，老师坐着在弹风琴，琴凳上并坐着李老师，他的手环在弹琴女人的腰上。我们一群小孩闭住呼吸从窗缝里偷看。

正看时，一群六年级的男生经过，恶作剧一般大喊一声"吊死鬼来呀——"

当天晚上，学生们就挨了打，放学已是半夜。不过，三毛从此明白，"老师正在受着恋爱的折磨"，而那些可怕的体罚，不过是她恋爱不成功的发泄。

一个老打小孩的女人，怎么会有人爱她呢？其实，李老师是更狠的，他罚男生跪在一把破了布的雨伞骨头上，跪完的男生要别人扶才站的起来。有一次甚至看见一个是爬回座位的。

恋爱是什么我大概明白了，它是一种又叫对方魔鬼又跟魔鬼坐在一起弹"堤边柳／到秋天／叶飘零……"的那种黄昏歌调。

二十岁的年龄，除了可以穿丝袜之外，想来更有一些我们不知的东西——那种很抽象的东西，在里面潜伏着，而我，对于那份朦胧，却是想象不出的。

再后来，督学来了，就在学生们补习的时候。参考书和考题被没收，堆到教室门外，三毛记得那天老师的脸比平常打人时还要青白。

第二天，老师红着眼睛说："我给你们补习，也是为了使你们将来考上好的初中，做一个有用的人，这一点，想来你们是谅解的。至于补习费，老师收的也不多……"

我专注地直视着老师，想到她的生活和作息，想到那偶尔一次的和男老师共弹风琴，想到她连恋爱的时间也不太多，心里对她和自身成年的未来，浮起了另一份复杂的怜悯与茫然。

那时的三毛便懂得体会他人的悲苦。在她眼中，老师是成年的象征，老师的悲苦，也很可能是她未来要体会的种种。

虽然在心底是怜悯老师的，但督学来过后，三毛迎来了整整十天的好日子。夜间补习暂停，课外活动增加，每天只带一个便当盒，还可以去郊外写生，黄昏便可放学回家，虽然家庭作业变多，但三毛还可以求姐姐帮忙代劳一半。

有一天，老师笑吟吟地说："明天带两个便当来，水彩和粉蜡笔不用再带了，我们恢复以往的日子。"听着听着，远方的天空好似传来了巨大的雷声，接着彤云满布，飞快地笼罩了整个校园，而我的眼睛，突然感到十分干涩，教室里昏黄的灯光便一盏一盏半明半暗地点了起来。那两年，好似没有感觉到晴天，也就毕业了。

进入初中后，遵照父母的要求，三毛回到小学"谢师恩"。老师感触地摸摸她的头，送了她一个日记簿，并在第一页上认真地写下了"陈平同学，前途光明"。

小学毕业后的生活并没有一帆风顺，不过，当三毛自己二十岁时，她拥有的远比小学时代渴望的更加丰富多彩。

我有两双不同高度的细跟鞋，一支极淡的口红，一双小方格网状的丝袜，一头烫过的鬈发，一条镀金的项链，好几只皮包，一个属于自己的房间、唱机和接近两千本藏书。不但如此，那时候，我去上了大学，有了朋友，仍在画画，同样日日夜夜地在念书，甚而最喜接近数学般的逻辑课……更重要的是，我明白了初恋的滋味——

再回忆起曾经以为昏暗的小学时代，宛若一场年代久远的幻境，而老师写下的那几个字却在阳光下越发鲜明起来。当年那弱小到绝望的生命，终于破茧而出，焕发出蝴蝶的颜色。

01 · 初入中学

三毛盼望长大，盼望着从魔鬼一样的老师手中毕业，过上更自由、更愉快的生活。令她没有想到的是，虽离开了小学，但那些灰蒙蒙的雾气依旧没有散去。

那一年，她们站在操场上唱着《青青校树》，用毕业的骊歌送别六年的小学生活。很多女生边唱边哭，老师们也红了眼眶。三毛跟着大家，一次次谢师恩，最后听着那句"毕业典礼结束，礼——成，散——会"。

接着，学生们冲回教室、整理抽屉、丢掉书本，进行最后的打扫。一切将成为过去，那一刻，三毛来不及去挂念她的匪兵甲，只觉得"这倒也好，我终于自由了"。

等到老师将联考的志愿单发给大家，让学生带回家认真填写时，三毛却拒绝了。

发到我，我跟她说："我不用，因为我决定不再进中学了。"老师几乎是惊怒起来，她说："你有希望考上，为什么气馁呢？"

我哪里是没有信心，我只是不要这一套了。

"叫你妈妈明天到学校来。"她仍然将志愿单留在我桌上，转身走了。

我没有请妈妈去学校，当天晚上，父亲母亲在灯下细细地读表，由父亲一笔一划亲手慎重地填下了我的将来。

那天老师意外地没有留什么太重的家庭作业，我早早地睡下了，仰躺在被窝里，眼泪流出来，塞满了两个耳朵。

做小孩子，有时候是一件很悲哀的事，要怎么过自己的一生，大人自然问都不问你一声。

志愿不能选择，三毛便将自己埋进书里，那里是她的国度，可以不被打扰，不被更改。在十一岁的年纪里，搬上小椅子，坐在院中墙角的大树下，沉浸在另一个世界里，忘掉身为小孩子的种种身不由己。在漫长的暑假里，三毛读完了厚厚的一本《大戏考》，也等到了放榜的日子。

暑日的烈阳下，父亲看榜回来，很和蔼地说："榜上没有妹妹的名字，我们念静修女中也是一样好的。"

我很喜欢静修女中，新生训练的时候，被老师带着穿过马路去对面的操场上玩球，老师没有凶我们，一直叫我们小妹妹。

没有几天，我回家，母亲说父亲放下公事赶去另一所省女中，为了我联考分数弄错了的一张通知单。父亲回来时，擦着汗，笑着对我说："恭喜！恭喜！你要去念台湾最好的省女中了。"

一时里，那层灰色的雾又在呼呼吹着的风扇声里聚拢起来。它们来得那么浓，浓到我心里的狂喊都透不出去。只看见父母在很遥远的地方切一片淡红色的冰西瓜要给我吃。

就这样跟着灰色的雾，三毛踏入了中学校门。那是她第一次独自坐公交车进城。离开了熟悉的环境，三毛努力适应着新的校园生活。

看着安排丰富的课表，三毛想象着那些课程背后的美丽故事，想象着自己跟随老师，在博物课上研究花开的原因，到美术和音乐课里探索"一个艺术家，为什么会为了爱画、爱音乐甘愿终生潦倒"，再去追寻那些横写的英文中暗藏的秘密，还能像小说中的侦探那样一步步推想、演算，让看似死板的数学活起来，此外还有传统的历史、国文……

在三毛的想象中，这些课程组成了华丽多彩的世界，但摆在面前的现实如同蝗虫侵袭的麦田、台风过境的牧场，满目疮痍。

美术就是拿些蜡做的水果来，把它画得一模一样；音乐是单纯的唱歌；地理、历史，应该是最好玩的科目，可是我们除了背书之外，连地图都很少画。

我最爱的英文老师，在教了我们一学期之后，又去了美国。

数学老师与我之间的仇恨越来越深，她双眼盯住我的凶光，好似武侠小说中射来的飞镖一样。

面对与想象大相径庭的现实，三毛努力适应，在初一那年勉强过关，取得了中等名次。

那时三毛一家已经与大伯父"分家"，单独搬到了长春路附近居住。长春路附近的租书店不如建国书店，是好书坏书夹在一起的，但此时的三毛已经有了丰富的阅读经验，从没选错过。也是在初一的那个暑假，三毛的父亲晒樟木箱时从旧衣服下找到了早年收藏的古典通俗小说。

泛黄的、优美细腻的薄竹纸，用白棉线装订着，每本书的前几页有毛笔画出的书中人物，封面正左方窄窄长长的一条白纸红框，写着端正秀美的毛笔字——水浒传、儒林外史、今古奇观……

我第一次感受到一本书外在形式的美，它们真是一件件艺术品。

想到自己作为一个十二岁的中国人，居然没读过《水浒传》，三毛感到羞愧交加，但暑假开始前，她刚从书店租来旧俄作家的长篇作品，包括《复活》《罪与罚》《死灵魂》《战争与和平》《安娜卡列尼娜》等，这些大部头的小说都是要限时归还的！

三毛忘了那个暑假是如何度过的，只知道父亲很怕三毛把自己看成盲人，因为那时的她已经完全忘了自己，她不知喜乐冷暖，早已与书本融为一体。

到了初二，三毛连上学途中也要抱着公交车上的杠子当扶手，发疯一样地读书。除了父亲樟木箱底的"宝藏"，三毛又读了大伯父书架上的《孽海花》《六祖坛经》《阅微草堂笔记》《人间词话》，还租来了芥川龙之介的短篇，只要是书，三毛一律不问类别，生吞活剥一气。

长久沉浸在文学的世界里，让她的成绩猛跌。初二的第一次月考，三毛四科不及格，遭到父母的严重警告。她觉得非常对不起父母，于是开始认真学习，就连向来讨厌的数学，也努力把所有习题都死记硬背下来。

三次数学小考，我得满分。

数学老师当然不相信我会突然不再是白痴了，她认为我是个笨孩子，便该一直笨下去。

所以，她开始怀疑我考试作弊。当她拿着我一百分的考卷逼问我时，我对她说："作弊，在我的品格上来说，是不可能的，就算你是老师，也不能这样侮辱我。"

她气得很不堪，冷笑了一下，下堂课，她叫全班同学做习题，单独发给我一张考卷，给了我几个听也没有听过的方程式。

我当场吃了鸭蛋。

在全班同学的面前，这位数学老师，拿着蘸的饱饱墨汁的毛笔，叫我立正，站在她画在地下的粉笔圈里，笑吟吟地恶毒无比地说："你爱吃鸭蛋，老师给你两个大鸭蛋。"

在我的脸上，她用墨汁在我眼眶四周涂了两个大圆饼，因为墨汁太多了，它们流下来，顺着我紧紧抿住的嘴唇，渗到嘴巴里去。

"现在，转过去给全班同学看看。"她仍是笑吟吟地说。全班突然爆出了惊天动地的哄笑，只有一个同学没有笑，低下头好似要流泪一般。

我弄错了一点，就算这个数学老师不配做老师，在她的名分保护之下，她仍然可以侮辱我，为所欲为。

画完了大花脸，老师意犹未尽，她叫我去大楼的走廊上走一圈。我僵尸般地走了出去，廊上的同学先是惊叫，而后指着我大笑特笑，我，在一刹那间，成了名人。

我回到教室，一位好心的同学拖了我去洗脸，我冲洗脸时一句话都没有说，一滴泪都没有掉。

有好一阵，我一直想杀了这个老师。

从此，三毛的初中生活，不再有后来。

她开始逃学，最初是没有计划性的，只是某一天走到校门口，突然觉得那里不属于自己，突然想要转身离开，想远远地逃离，不光逃离数学老师，还有学校的一切，那些之前不断忍耐的、自己不喜欢的东西。

于是，她独自背着书包坐上公交车逃进了公墓。慢慢地，逃学成了家常便饭。那段时间，她成了几个公墓和无名坟场的常客。母亲给的饭钱，几乎都送进了旧书店，换回上下两册的《人间的条件》《九国革命史》《一千零一个为什么》和《伊凡·傅罗姆》。

终于，学校的信寄到家里，逃学的事才被发现。这一回，三毛休学了。

我休学了一年，没有人说过一句责备我的话。父亲看了我便叹气，他不跟我多说话。

第二年开学了，父母鼓励我再次穿上那件制服，勉强我做一个面对现实的人。而我的解释，跟他们刚好不太一样，面对自己内心不喜欢的事，应该叫不现实才对。

三毛的母亲每天将她送到教室，用哀求的目光看着她，希望她能坚持读书，坚持留在学校，但三毛只坐一节课，便带着书包逃走了。她不再去墓地，而是溜到省立图书馆去，一天看一本好书，常常看得忘了回家。

就这样，时间一晃又是半年，三毛的父母最终决定将她留在家里，不再要她去上学。

02 · 休学第一年

在台湾的生活虽然拮据，但三毛的父亲依旧尽己所能地为孩子提供最好的教育。他甚至拿出治病的"急救金"买了一架钢琴，让孩子们一起学琴，但四个孩子里，只有三毛的姐姐心甘情愿地学琴、练琴。

我们下面三个，每天黄昏都要千催万请才肯上琴凳，父亲下班回来即使筋疲力尽都会坐在一旁打拍子，口中大声唱和。当时我们不知父亲的苦心，总是拉长了脸给他看，下琴时欢呼大叫，父亲淡淡地说了一句："我这样期望你们学音乐，是一种准备，当你们长大的时候，生命中必有挫折，到时候，音乐可以化解你们的悲伤。"我们当年最大的挫折和悲伤就是弹琴，哪里懂得父亲深远的含意。

三毛的姐姐初中毕业后进入台北师范学校住校，原来姐妹两人合用的卧室，变成了三毛的单人间，也成了三毛休学后的天地。

休学并不代表着教育的中止，三毛的老师变成了父亲和越来越多的书籍。

那一年的压岁钱，我去买了一个竹做的美丽书架，放在自己的房间里，架上零零落落的几十本书，大半是父亲买回来叫我念的。

每天黄昏，父亲与我坐在藤椅上，面前摊着《古文观止》。他先给我讲解，再命我背诵。奇怪的是，没有同学竞争的压力，我也领悟得快得多，父亲只管教古文，小说随我自己看。

除了古文，英文也要学，三毛记得自己念的第一本短篇小说集是欧·亨利的《浮华世界》，之后又有了《小妇人》《小男儿》等，母亲也会买英文的漫画故事回来，那些印着对话和图片的《爱丽丝漫游仙境》《灰姑娘》，三毛早就读过中文版，如今对照着看，英文不知不觉便熟练起来。

孤独惯了的人，会越来越习惯孤独。休学后，三毛没有必须出门的理由，便理所当然地窝在家里，成了十足的书奴。即使是租过、读过的书，她也会买一本新的回来，放在架子上反复地看，为此花掉了她的全部压岁钱和日常的零花钱。

竹书架在一年后早已满了，父亲不声不响又替我去当时的长沙街做了一个书橱，它真是非常的美丽，狭长轻巧，不占地方，共有五层，上下两个玻璃门可以关上。

随着时间的流逝，新的书架也被填满，三毛的房间里堆满书籍，从台湾、香港买的书，还有从日本买回的美术画册，填满房间的空隙，从桌上到桌下，蔓延到床边、地板甚至是衣橱里，陪伴着她的孤独及日益加深的自闭和忧郁。

　　休学后被带去看医生，医生测验我的智商，发现只得六十分，是接近低能儿童的那种。我十三岁了，不知道将来要做什么，心里忧闷而不能快乐。

　　虽然为三毛办了休学，但她的父母并没有放弃努力，他们先是将她转到美国学校，但三毛只是勉强去了几次便放弃了。母亲苦口婆心，想尽办法劝她出门，三毛却在走到门口穿鞋时直接向后一倒，昏了过去。

　　美国的学校不行，父母又将注意力转向绘画，毕竟三毛对绘画一直有着浓厚的兴趣，甚至想要嫁给毕加索为妻。于是，他们送三毛到黄君璧门下学习山水画，又送她随邵幼轩学画花鸟。他们买来精美的画册，不断地鼓励三毛。

　　国画的教学也要从临摹开始，三毛起先努力坚持，后来便失去了兴趣，以至于她一生的绘画基础，仍旧是"拿起笔来一张桌子只会画出三只脚，另外一只无论如何不知要将它搁在哪里"。

　　一次次尝试着走出家门，再一次次地失败，三毛对自己彻底绝望，对外面的世界也产生了一种无法消解的抗拒，从此躲到家里，再也不出门。

在姐姐的记忆里，三毛的心思极重，十二、三岁就有了白发。家里对她的与众不同很宽容，关于休学的事，父母没说过什么，更不会大声训斥三毛，以至于姐姐也是后来才知道三毛已经休学了。

她当时休学在家，每天还穿得很漂亮，坐着三轮车去学画画，好像小公主一样。

姐姐眼中公主一般的生活，在三毛的记忆里却是不堪回首的，原本应有春花微雨的年纪，在她的生命里，却灰暗得令人绝望。

在三毛的要求下，父亲为她的卧室窗户装上铁栏，在房门上加了锁。为了照顾三毛的感受，姐弟们谈论起学校的事，总是小心翼翼地压低声音，这种顾及反而让三毛更加难受，她索性离开饭桌，独自在房间里吃饭。

外界如何的春去秋来，在我，已是全然不想知觉了。

我的天地，只是那幢日式的房子、父亲母亲、放学时归来的姊弟，而这些人，我是绝不会主动去接触的。

向街的大门，是没有意义的，对于我来说，街上没有可走的路。

小小的我，唯一的活动，便是在无人的午后绕着小院的水泥地一圈又一圈地溜冰。

除了轮式冰鞋刺耳的声音之外，那个转不出圈子的少年将所有东西都锁进了心里，她不讲话……没有一件事能使我走出自己的枷锁。出门使我害怕，街上的人更是我最怕的东西，父母用尽一切爱心和忍耐，都找不出我自闭的症结。当然一周一次的心理治疗只有反抗更重，后来，我便不出门了。

三毛从拒绝出门到害怕出门，渐渐地，她的活动空间只剩下家里的院子。偶尔，她会趁着夜色走出家门，那时就不会有人看到她。黑夜用寂静的外衣裹着她不安的内心。

他们居住的长春路在当时还很偏僻，安静少人，尤其是在万家灯火的夜晚。三毛时常在这里驻留，在水泥筒子里钻来钻去，从这边进，再从那边出，再换一条通道继续这个循环，在看似简单而枯燥的循环中，时间就这样被慢慢地打发掉了。

一个人独处的时间久了，心情也会越发灰暗。看着愁眉不展的父母和小心翼翼的姐弟，三毛甚至生出一种自厌的情绪——若没有她就好了。没有她，父母不会长吁短叹，姐弟们也可以像正常的学生一样，在饭桌上欢乐地讲述学校的趣事。

有一年，街坊邻居们推举我们家做中山区的模范家庭，区公所的人自然早已认识我父母亲的为人，但是他们很仔细，又拿了簿子来家里查问一番。

问来问去，我们都很模范，眼看已快及格了，不巧我那时经过客厅，给那位先生看到了。他好奇地问我母亲："咦，今天不是星期天，你的女儿怎么不上学呀？"

关于三毛的休学，母亲对外人向来只说是三毛身体不好。但没想到，就因为三毛"有病"，那次模范家庭的提名，陈家被淘汰了。三毛没有说什么，却在深夜独自一人时自责地流下眼泪来。

孤独的心灵是安全的，但痛苦也要独自承担。三毛的脾气越来越差，她时常在家哭闹，不是与弟弟打架，便是对家人恶语相向，之后再陷入更深的自责与自厌中，不断循环。当这些负面情绪越积越多，三毛终于挣扎到疲惫，她开始觉得自己的生命毫无意义。

她穿着冰鞋在后院的地上画着牢笼一样的圆圈，她拨打热线电话求助，却只得到苍白的大道理。终于，在一个台风肆虐的夜晚，三毛用刀片割开了自己的手腕。

幸运的是，她被家人发现，及时送到了医院。三毛活了下来，和她一起活下来的还有手腕上那长长的伤疤。28针的伤口，密密麻麻地写满触目惊心的绝望。

也许是被父母悲痛欲绝、一夜苍老的面容打动，从那天起，三毛放弃了自杀的念头，无论她眼中的生活多么灰暗和不如意，为了父母，她努力地活了下去。

在漫无边际的岁月里，三毛变得越发沉默，越发孤僻。她将自己埋进书堆，静候着属于自己的、可能一生不会到来的奇迹。这一等，便是春秋无声，几度更迭。

回想起来，少年时代突然的病态自有它的原因，而一场数学老师的体罚，才惊天动地地将生命凝固成那个样子。这场代价，在经历过半生的忧患之后，想起来仍是心惊。那份刚烈啊，为的是什么？生命中本该欢乐不尽的七年，竟是付给了它。人生又有几个七年呢？

03 ˙ 生命中的惊心

每个人的生命中都有一盏明灯，比如，沙利文老师之于海伦·凯勒，顾福生之于三毛。

在休学的岁月里，三毛将全部精力都献给了阅读，她也成为亲戚朋友口中有名的"藏书家"，但她依旧不爱说话，依旧总是一个人呆在房间里，就算偶尔走出房门，也是窝在角落，静静地看着姐弟们玩闹。时间仿佛停止了脚步，昨天和今天一样，明天和今天也不会有什么不同，三毛就这样麻木地活着。

父母早已放弃了将三毛送出去的努力，但命运在最意想不到的时刻展现出它的奇妙。

一次，三毛姐姐的朋友来家里玩耍，一个叫陈骕的男孩画了一场骑兵队与印第安人的战争，"活泼的笔下，战马倒地，白人中箭，红人嚎叫，篷车在大火里焚烧……"

等到大家都跑去院子里玩，躲在角落里的三毛走上前捡起那张漫画，好奇地、仔细地看着。后来她才知道，陈骕是画油画的，他的老师便是顾福生，国民党高级将领顾祝同的儿子，新潮画派的代表人物之一。

在那个年代，无论是顾福生，还是"五月画会"的其他画家，对三毛来说，都像远天闪耀的星辰一般难以触碰，她如何能想到，就因为这场画中的"战役"，自己成了顾福生的学生。

向顾福生学画，是三毛主动要求的。可是，当第一次约定的上课日期来临，三毛却躲在房间里不肯出门，只是埋头将枕头套里的棉絮撕成一片一片的。她不敢想象，若这一次又重蹈覆辙，重新退缩回家里，她要怎么办？那一脸期盼的母亲又该怎么办？

母亲没有办法，只能打电话过去再约时间。终于，三毛鼓足勇气，在春末半阴的天气里，站到了顾福生的家门前。

站在泰安街二巷二号的深宅大院外，我按了铃，然后拼命地克制自己那份惧怕的心理。不要逃走吧！这一次不要再逃了！

有人带我穿过杜鹃花丛的小径，到了那幢大房子外另筑出来的画室里去。我被有礼地请进了并没有人，只有满墙满地的油画的房间。

那一段静静的等待，我亦是背着门的，背后纱门一响，不得不回首，看见后来改变了我一生的人。

那时的顾福生——唉——不要写他吧！有些人，对我，世上少数的几个人，是没有语言也没有文字的。

喊了一声"老师！"脸一红，低下了头……

那份"惊心"，是手里提着的一大堆东西都会哗啦啦掉下地的"动魄"，如果人生有什么叫做一见钟情，那一霎间，的确经历过。

但并没有掉什么东西，因为第一天上课，三毛是空着手去的。顾福生询问了一些简单的问题，比如，喜欢美术吗？以前有没有画过？为什么想学画……当他听到三毛没有在学校读书时，表现得很自然，仿佛理所应当一般。他的温和与善解人意，让三毛早已昏沉的心，再一次鲜明地跃动起来。

在三毛的感受里，顾福生完全不同于以往的任何一名老师。事实上，顾福生也并不是一名教育工作者，而是一位真正的画家。三毛在直觉上相信并接受了他，因为他是"一种温柔而可能了解"她的人。他的课，她愿意去。

第一次上课，顾福生将一座石膏像放在三毛面前，并吩咐她自己先画，接着便去了其他房间。三毛明知道老师只是想了解她的观察和表现能力，但她无论如何不能下笔。

"怎么不开始呢？"不知老师什么时候又进来了，站在我身后。

"不能！"连声音也弱了。

老师温和地接过了我手中的炭笔，轻轻地落在纸上，那张白纸啊，如我，在他的指尖下显出了朦胧的生命和光影。

画了第一次惨不忍睹的素描之后，我收拾东西离开画室。

那时已是黄昏了，老师站在阔叶树下送我，走到巷口再回头，那件大红的毛衣不在了。我一个人在街上慢慢地走。

就这样，原本对出门无比抗拒的三毛，跟随顾福生，开始了一周两次的课程。

油画的基础是素描，但就像三毛所说，她临摹的能力一向很差，越是在意，越想取得成绩，就越感到挫败。一次次临摹的失败，几乎要将三毛好不容易鼓起的勇气全部浇熄。

原本自卑的我，在跟那些素描挣扎了两个多月之后，变得更神经质了。面对老师，我的歉疚日日加深，天晓得这一次我是付出了多少的努力和决心，而笔下的东西仍然不能成形。

在那么没有天赋的学生面前，顾福生付出了无限的忍耐和关心，他从来没有流露过一丝一毫的不耐，甚至于在语气上，都是极温和的。

……

那时候的我不能开口，因为没有内涵。老师也不大说话，要说的已经说给了满墙支离破碎的人体，他当时的画，许多被分解，被切开的身体和四肢，有些，贴上了纱布，有些并不去包扎……

看见老师的时候，总是感觉一片薄薄的刀片，缓慢地在割着我，精准又尖锐的痛，叫也不想叫地一刀一刀被割进皮肤。

就这样挣扎了两个月以后，有一日，画室里只有三毛一个学生，而她面前的素描，依旧画得一塌糊涂。

凝望着笔下的惨败，一阵全然的倦怠慢慢淹死了自己。

我对老师说："没有造就了，不能再累你，以后不要再来的好！"

……

老师听见我的话，深深地看了我一眼，微微地笑着，第一次问我："你是那一年生的？"

我说了，他又慢慢地讲："还那么小，急什么呢？"

说完，顾福生被一通电话叫走了。回来后，他让三毛跟他到另外一个房间去，说是帮他抬画，其实只是要给她看自己的油画，要让她从牛角尖里转身回来。看着那些半抽象半写真的油画，听着老师的问话，三毛慢慢地从绝望的水塘里浮了出来。

"你的感觉很特别，虽然画得不算好——"他沉吟了一下，又问："有没有试过写文章？"

"我没有再上学，你也知道——"我呐呐地说。

"这不相干的，我这儿有些书籍，要不要拿去看？"他指指书架。他自动递过来的是一本《笔汇》合订本，还有几本《现代文学》杂志。

"下次来，我们改画水彩，素描先放下了，这样好吗？"老师在送我出门的时候突然讲了这句话。

对于这样一个少年，顾福生说话的口吻总也是尊重，总也是商量。即使是要给我改航道，用颜色来吸引我的兴趣，他顺口说出来都是温柔。

从顾福生那里带回去的书，为三毛打开了一个全新的世界。

短短几天里，三毛废寝忘食地阅读，几乎累到虚脱，但她的内心却欢喜雀跃，因为在书里，她找到了许多"似曾相识的灵魂"。

再见顾福生的时候，我说了又说，讲了又讲，问了又问，完全换了一个人。老师靠在椅子上微笑望着我，眼里露出了欣喜。他不说一句话，可是我是懂的，虽然年少，我是懂了，生命的共鸣、沟通，不是只有他的画，更是他借给我的书。

"今天画画吗？"他笑问着我。

"好呀！你看我买的水彩，一大堆哦！"我说。

对着一丛剑兰和几只水果，刷刷下笔乱画，自信心来了，画糟了也不在意，颜色大胆地上，背景是五彩的。

活泼了的心、突然焕发的生命、模糊的肯定、自我的释放，都在那一霎间有了曙光。

这是在三毛进入顾福生画室之后的第三个月，除了学画，三毛每次都会带书回家，在下一次课之前，将这些书全部生吞活剥。

因为遇见了顾福生这个不像老师的老师，三毛日渐暗淡的生命被重新点燃，虽然只是小小的星点光芒，却足以驱走灰暗，将她从"摸索不着人生边界"的迷茫中拉引出来。

三毛心里的寒冰，开始一点一点消融。她虽依旧不肯出门，但性情平和了许多，对家中的父母和姐弟，也多了一分和善，她的人生，从那一年开始有了变化。

04 茫茫中的一抹红

对于三毛来说，顾福生不仅是她的老师，更是她青春路上的第一道风景。在顾福生的画室里，属于她的文学人生，正在悄然开启。

在三毛的印象里，第一次见顾福生是在阴天。从那以后，每一个和他有关的日子，不是阴天就是飘着微微细雨，不然，就是一片白雪茫茫。那昏暗苍茫的颜色，宛若三毛青春的色彩。顾福生总爱穿一件红毛衣，那样鲜明的颜色，足以点亮她灰暗的生命。

"老师——"有一日我在画一只水瓶，顺口喊了一句，自自然然的："……我写文章你看好不好？"

"再好不过了。"他说。

我回去就真的写了，认认真真地写了誊了。

再去画室，交给他的是一份稿件。

我跟着老师六个月了。

这篇名为《惑》的文章里，一切都笼罩在化不开的浓雾里，就像三毛的痛苦，总在无人的黑夜爆发。"我"跑出去写生，却和三毛一样，画不出一笔东西。她迷失了自己，沉浸于电影《珍妮的画像》中，而珍妮，正是以魂魄的形态在一年里不断成长，转眼过完自己华丽而热烈的一生。文章中的少女正是现实中封闭自己的三毛。她们陷入无边的惶惑，她们都在寻找一个答案，一个通往成长的痛苦答案。

虚构的故事里，藏着三毛最真实的经历和感受。对过激情绪的治疗，对现实世界的迷失，都是她内心的呐喊，是她休学之后所有压力、抑郁与无助的集中释放。她将那些不敢说也无从说起的苦痛，一口气付诸笔端，和盘托向顾福生，并不期盼他更了解、更懂得她，只因那时的她，唯有顾福生可以倾吐，也只能用这个方式可以交流。但三毛没有想到，正是这篇文章，将她推入文学创作的浩瀚波涛，从此扬帆远航。

交稿之后，三毛迎来了下一次上课日，原本在顾福生面前放松下来的心，因为那份稿子再一次抽紧了。一件事，一部作品，越是用心就越会在意，越渴望得到认同就越害怕遭到指摘。敏感如三毛，更是如芒刺加身一般惴惴不安。那份"永远去不掉的自卑，在初初探出触角的时候，便打败了没有信心的自己"。

顾福生似乎知道三毛的感受，他仿佛忘记了一样对稿子只字不提。下一周的课，三毛没有请假，也没有去。

再去画室时，只说病了，低头去调画架。

"你的稿件在白先勇那儿，《现代文学》月刊，同意吗？"

这一句轻描淡写的话如同雷电一般击在我的身上，完全麻木了。我一直看着顾福生，一直看着他，说不出一个字，只是突然想哭出来。"没有骗我？"轻得几乎听不见的声音了。

"第一次的作品，很难得了，下个月刊出来。"老师没有再说什么，他的淡，稳住了我几乎泛滥的感触。

那一刻，三毛什么也想不起来。能够成为"五月"的学生，成为顾福生的学生，对她而言已是触碰星辰般的幸运，她从未想过自己的文章也能印成铅字。

突如其来的惊惶和难以置信，让接下来的日子成为一种煎熬。时间变得漫长而残忍，一天，一小时，一分钟，原本毫无意义的时间在等待中被精确地分割开来，每一刻都充满了期待和不安。

当我从画室里捧着《现代文学》跑回家去时，我狂喊了起来——"爹爹——"父母以为我出了什么事，踉跄地跑到玄关的地方，平日的我，绝对不会那么大叫的，那声呼唤，又是那么凄厉，好似要喊尽过去永不说话的哑灵魂一般。

"我写的，变成铅字了，你们看，我的名字在上面——"

父亲母亲捧住那本杂志，先是愕然，再是泪光一闪。我一丢画箱，躲进了自己的房间……

我的文章，上了《现代文学》。

对别人，这是一件小事，对当年的我，却无意间种下了一生执着写作的那颗种子。

三毛沉浸在狂喜与激动中。即使如此，她依旧没有勇气走出自己的牢笼，依旧在房间里独自吃饭。但慢慢地，不上课的日子她也开始出门了。她会在晚饭前出去散步，就在那些水泥筒子附近，她偶尔会遇见自己的二堂哥，也会遇见白先勇。

那时的白先勇并不认识三毛，但因为两家离得很近，三毛读小学一年级的时候便知道了白先勇，也会偷偷地观察白家进出的人。

那时候，在这片衰草斜阳的寂静里，总有另一个人，偶尔从远远的地方悠然地晃过来——那必是白先勇……我怕他，怕一个自小便眼熟的人。看到这人迎面来了，一转身，跑几步，便藏进了大水泥筒里去。不然，根本是拔脚便逃，绕了一个大圈子，跑回家去。

刊了文章，并没有去认白先勇，那时候，比邻却天涯，我不敢主动找他说话，告诉他，写那篇《惑》的人，就是黄昏里的我。

他跟本不认识我的，我却一直跑到家里，跑进自己的房间里，"砰"一下把门关上了。背靠着门，心还在狂跳。

上课时，三毛将自己看见白先勇的事告诉了顾福生，顾福生与白先勇的关系很好，自然问起后续，得知三毛吓得跑回家去，他只是问三毛："你不觉得交些朋友也是很好的事情？"三毛的回答只有默然。

没有朋友，没有什么朋友，唯一的朋友是我的老师和我的书。过了一阵，老师写了一个纸条给我，一个永康街的地址，一个美丽的名字——陈秀美。

那张地址，搁了一个多月也没有动它。

被问了好几次，说好已经转人介绍了，只等我去一趟，认识一下白先勇的女同学，交一个朋友。

我迫不得已地去了，在永康街的那幢房子里，结识了我日后的朋友——笔名陈若曦的她。

在顾福生的帮助下，三毛终于试着向外界伸出双手，她有了自己的朋友，慢慢地，也将开启自己的生活，但她的蜕变绝不仅止于此。在顾福生的画室里，她从一个叛逆自闭的孩子，逐渐幻化为一名少女。

她会因为遇见了顾福生如花似玉的姐妹，而在意自己的形象。

惊觉自己也是女孩子，我羞怯地向母亲要打扮。母亲带着姊姊和我去定做皮鞋，姊姊选了黑漆皮的，我摸着一张淡玫瑰红的软皮爱不释手。

没有路走的人本来是不需鞋子的，穿上新鞋，每走一步都是疼痛，可是我近乎欣悦地不肯脱下它。

她甚至偷偷地穿上他人拜托母亲转交的新衣，一件淡绿色的长毛绒西式上衣，配上淡红色的新鞋，仿佛从马蒂斯的画中走出，赶去画室上课。

那间画室，将一个不愿开口，不会走路，也不能握笔，更不关心自己是否美丽的少年，滋润灌溉成了夏日的一朵玫瑰。

在三毛看来，《惑》的刊发得益于顾福生的推荐，不能算是自己的成绩，于是她又幻想了一个爱情故事，悄悄地投给了《中央日报》，让她惊喜的是，这篇故事也刊了出来。

这篇名为《秋恋》的作品，刊载日期与《惑》只差一个月，风格却完全不同。在巴黎浪漫的街上，在小而温暖的咖啡馆，一场邂逅与重逢，一夜短暂的相伴和别离，是寂寞的，也是美好的，闪耀着少女时代的三毛对生活、对爱情的希望光芒。这篇作品的刊发，更让三毛对自己有了信心，她开朗了许多，开始与家人一起吃饭，也开始能不拘束地与弟弟吵架了。

临近新年，学画半年的三毛上交了一张"考试作品"。

那一年的成绩——我的，是一幅削瘦到分不出是男是女的灰白色人体背影，没有穿衣服，一块贴上去的绷带拉散着落在脚下。背景暗蓝，水渍一般往下流。

　　明知这幅画根本没有自己，是照抄老师的，而老师宽厚，不说什么。我在画的右下角，慢慢地给自己签上了一个今生自取的名字——Echo。

　　这是回声女神的名字，希腊神话中，天后赫拉因为嫉妒山泽女神的美丽，剥夺了她正常说话的能力，让她成为回声，只能重复别人话语的最后几个字。她爱上了河神的儿子、自恋的俊俏少年 Narcissus，但她无法表达自己的爱恋，只能不断重复着他问题的最后几个字。

　　那时的三毛就像是一道回声，她对老师的崇敬与依恋，根本找不到言语表达，只能回声一般，画着与老师相似的画，默默地将所有的情愫都写进那个签名，留下一片声响回荡在自己的心底。

　　学画十个月时，顾福生因为忙着办画展，暂停了授课，三毛便一次次去画展，结果在会场上遇见了老师。顾福生不知三毛来过，于是带着她一同看展，三毛也不说破，只跟着安静地看，等到画展结束，学画照旧，三毛只觉得生活平和安稳，却不知变故将至。

　　有一天下课后，其他学生都离开了，顾福生对正在收拾东西的三毛说不能再教她了。

那一瞬间，三毛再一次将自己封闭起来，顾福生说的什么巴黎，什么进修，都是那么遥远，远到她根本听不见，她震惊，她抗拒，她不肯相信这是真的，却又什么都不说，只是对顾福生笑了笑。

"将你介绍给韩湘宁去学，他画得非常好，也肯收学生，要听话，我走了你去跟他，好吗？"

"不好！"我轻轻地答。

"先不要急，想一想，大后天你来最后一次，我给你韩湘宁的地址和电话——"

那天老师破例陪我一直走到巷口，要给我找车，我跟他说，还不要回家，我想先走一段路。

这长长的路，终于是一个人走了。

一盏盏亮起来的街灯后面，什么都仍是朦胧，只有我自己的足音，单单调调地回响在好似已经真空的宇宙里。

那艘叫作什么"越南号"的大轮船，飘走了当年的我——那个居住在一颗小小的行星上的我，曾经视为珍宝的唯一的玫瑰。

他是这样远走的，受恩的人，没有说出一句感谢的话。

在三毛的生命里，那是很重要的一年，顾福生，是很重要的人，他对于三毛而言，就像《小王子》故事中的玫瑰花，但这朵贵重的花朵却漂洋过海，去了远方。

顾福生离开后，三毛曾写过很长的信，终于还是被撕掉了，那些幼稚却感人的话，成为三毛记忆中的回声，徘徊不能忘却。

今生如果没有他，今日不会如此壮壮烈烈地活着。而他，明明是一个寂淡又极精致的画家，留在我心中的颜色竟然是一片正红。

红的寂寞，在于唯有在雪地或阴暗的背景里，才能显出那股鲜血的颜色。

05 恩人与老师

顾福生走的那天，三毛也想去送，但终是因为情怯，迟迟疑疑出现时，顾福生已经离开。就这样，她遇见了送行后还没有离开的白先勇，和之前每次的逃避不同，失魂落魄的三毛与白先勇打了招呼，从此便算是彼此认识的人了。

也是后来从白先勇的口中，三毛听说了关于《惑》那篇稿子的故事。

恩师顾福生将我的文章转到白先勇那儿去，平平淡淡地交给了他，说是："有一个怪怪的学生，在跟我学画，你看看她的文字。"

在三毛的记忆中，她与白先勇的交集很少，大部分的记忆，竟然都停留在小时候，以及白先勇的文字，她笔下的自己，是跟着白先勇的文章长大的，她读着，感受着，爱他笔下"每一个、每一种梦境下活生生的人物，爱那一场场繁华落尽之后的曲终人散，更迷惑他文字里那份超越了一般时空的极致的艳美"。

三毛还记得有一次《现代文学》的作家和一群画家聚在一

起要举办一场舞会，白先勇还专程到三毛家来，叫她一起参加。

　　心里实在是太怕了，鼓足勇气进去的时候，已近曲终人散，不知有谁在嚷："跳舞不好玩，我们来打桥牌！"

　　我默立在一角，心里很慌张，不知所措。

　　那群好朋友们便围起来各成几组去分牌，叫的全是英文，也听不懂。过了一会儿，我便回家去了。

　　跳舞那次，白先勇回忆起来，说我穿的是一件秋香绿的衣裙，缎子的腰带上，居然还别了一大朵绒做的兰花。

　　那件衣服的颜色，正是一枚青涩的果子。

　　时隔多年后，再回忆起那场舞会，三毛将那条裙子的颜色，比作当年的自己，当三毛还是二毛的时候，她的那份情怀"一片惨绿"，但正是这些痛苦、悲伤和酸涩，造就了三毛。

　　遇见顾福生，是她少年时代的转折点，而白先勇又在无意之中拉了她"很重要的一把"，使她成为更好的、更自信的三毛，让她能在之后的人生路上越走越远，越走越有力。

　　如果说顾福生是三毛重新回归生活的开始，那么后面的两位老师，则丰富了三毛的世界，让她变得更加乐观，同时也更加脚踏实地。

　　顾福生离开后，三毛开始跟随韩湘宁学画。在她的印象里，韩湘宁老师宛若小王子一般，明净又快乐，以至于每次读到《小王子》，都能想起他来。

在三毛的记忆里，对韩湘宁老师最深刻的印象，是纯净的白色，他总是穿着"光明的白衬衫"，雪白的打扮仿佛不能泼上任何颜色。他的画中三毛当年最爱的，是一匹壮美的白马，画幅很大，淡褐和橄榄绿的背景，将雪白的那匹鲜活的马推到眼前。

湘宁老师本身活泼又明朗，那种纯净的个性里面有着反应极快的敏捷。本身也是个俊美的青年，对人对物充满着探讨的活力。上课也是不凶的，跟顾福生老师的那么安静又十分相同，他是嘻嘻哈哈爱讲话的。

湘宁老师的教授法很动态的。他带了我们学生一起去看别人的画展，叫我们出去写生，看舞台剧或电影。他跟学生打成一片，有时玩心比谁都重。

在韩老师那儿，我又回到画石膏像……当然，我的素描实在是奇差无比，每一次都将韩老师气得很灰心。

有一次老师出外去办事，回到画室发觉我的那幅素描又是一塌糊涂，他什么也不讲，拿起石膏像来就往地上摔，那一刹那间我吓了一跳，赶快蹲下去捡碎片，姿势就像在下跪。其实，就算摔了石膏像，我也仍然不怕——假凶的。

最终的结果，是韩湘宁老师"认清现实"，决定不再花费力气让三毛与石膏像纠缠，而是教她欣赏。在三毛的印象里，跟着韩湘宁老师学画的后期，不是去听演讲就是去看画展，老师还将自己的朋友、诗人方莘的作品推荐给三毛，在他的影响和带领下，三毛的世界开阔起来。

后来，在韩湘宁老师的推荐下，三毛转到彭万墀的画室继续学习，那时的三毛已经十九岁了。与韩湘宁的活泼不同，彭万墀是一个很厚重的人，仿佛一尊雕像。

第一次上课时，他站在那里，对着学生，"左手垂着，右手五指张开，平摆在胸前，不说话也不动"，做他们的模特，整整一个冬天仿佛都穿着那件暗蓝色的圆口粗线毛衣，从没有换过。

我画油画，将他重重的样子画出来，那张厚、重、沉、凝的脸，不会交代，只好用调色刀一刷，成了没有五官的。

画静物，放着的是罐头、榔头这种重重的铁器。偶尔给瓶子，都是上釉不多的粗陶。许多考验，老师把手掌平平张开，正对着我们学生，正对着眼睛，看见的就是五个指端，而他要求就画这个。

彭老师不说话时一句不说，石头一样。有时画了一个段落，他觉得要讲课，就用讲的，对着三个学生，他一样认认真真好似在发表一场演说……给人的感觉那么刻苦、简朴、诚恳又稳重，扎扎实实的一个人。

彭万墀的画室很认真，三毛不敢发呆做梦、不吃东西、不说闲话，只是用调色刀在画布上涂抹厚重的颜色，一块又一块，画出了很多静物。

和之前的两位老师一样，彭万墀也带着学生去看画展，一边看一边轻声分析，带他们听交响乐，推荐他们看厚重的书。

在这种他人看来苦行僧一样的生活里，三毛却过得很安稳。

彭老师其实很会讲话……他可以成为一个大教育家，把内心不稳重的孩子脚底灌下铅，使我们步步踏实。这不只是他会教，是因为放在眼前的老师，就是一个如此的人。

我的色彩变了，不用明色，成了铅一样的东西。

很感人的是，彭老师对学生有着一股不属于他年纪的父爱，他对我们的尽心尽意……一种辐射性的能，厚厚的慈光，宗教般地照射着我们。

就是这铅一样的东西，给三毛带来了一次画展的"铜牌奖"，那是她得过的唯一的油画奖。

远离校园的三毛，因为学习绘画，因为遇见了顾福生、韩湘宁、彭万墀三位老师，让她的生命不断改变，不断丰富，一步步走出自闭，一天天变得活泼开朗，变得勤奋自信。

我的今生，第一次文章发表，来自老师；第一次看见一匹白马，来自老师；第一次拿奖，又在于老师。

……

回想起来我的绘画生涯实在是幸福的，顾福生老师第一个进入生命，他的闪光——深刻、尖锐、痛楚地直刺我心。这份刺痛在当年是一种呼应，激起了生命里最处理不来的迷茫。老师并没有给我答案，反而给了一大堆问题，这堆问题非常有用，如同一团迷雾，必须在里面摸索才能找到什么。

韩湘宁老师把人向外引，推动着我去接触一个广泛的艺术层面，也带给了人活泼又生动的日子。他明朗又偶尔情绪化的反应，使我觉得活着是那么的快乐又单纯。拿天气来说，是一种微风五月的早晨，透着明快的凉意。湘宁老师对我的影响很深，他使我看见快乐，使我将心中的欢乐能够因此传染给其他的人。

彭万墀老师明明是音乐家华格纳般的一个人，而我怎么会看见一座如山的塑像，浸在贝多芬《快乐颂》的大合唱里？有光，有安静的太阳温暖慈爱地将一种能，涌涌不绝地灌输到我的灵魂里来。

在三毛眼中，她的三位老师都是天才，而她不是，她始终没能画出好的作品，于是只能倾尽全力，将自己的生活活成一幅精彩绚烂的画，为自己的生命涂抹更多的色彩，为了向老师交出成绩，也为了他们对她这一生的影响和启迪。

06 · 意义重大的获奖

　　跟随彭万墀老师学画期间，三毛的作品得了奖，这不同于文章的刊发，在三毛的父母看来，这是一次真正的认可，他们的女儿从此有了一技之长，从此可以走向社会。

　　其实那天出门并不是要去看电影，那只是附带要做的事，拿它出来向父母交代的……那几年父亲身体不好，下班也提早了，接近黄昏的时候他总是在家。当我说要去西门町的时候，父亲问明是一个人去，就说他可以陪我同去。

　　我们虽是父女，当时的关系却一直带着三分生涩，平日话也不多，一同出门更使我不自在。那一年我十九岁，父亲不过四十七岁。

　　要去的西门町除了电影之外，还有画廊。那天我存心去"海天画廊"的……画廊正在展出一批参选后被选中的画。我悄悄去参加，被选上了，就想去看一看。

　　那时候，已经参加过十数次联展，两次台湾省美术展，全是用国画的作品去被审的。西画这是第一次入选，没有告诉家里人。

因为父亲要陪了去西门町，我没法子，只好带他先去画廊。

画展里的画很多，父亲走了半圈，突然看到一张油画下贴着三毛的名字，父亲很惊异，三毛也只是不好意思地抿嘴笑笑，但当他们走到三毛的另一张油画面前时，一切都不同了。

眼看与我名字并排的是条红带子，上面标着"铜牌奖"。我羞得差一点没转身就逃。在父亲面前得了奖真是喜也不敢喜出来——父亲跟我之间隔着那么深的一段幽谷，多年来我们不交往的。

我低着头也不笑，平日父亲是个不开朗而内心情感丰富的人。这一回他忍不住那份欣喜，左看右看不够，居然跑到签名的地方去问小姐，说他可以不可以买下那张铜牌奖的油画。人家告诉他这是不卖的，他又问什么时候可以领奖，有什么颁奖典礼吗，柜台上说不知道。

父亲的喜形于色让三毛觉得很难堪，他完全沉浸在女儿得奖的骄傲和喜悦中，甚至最后还追问那个柜台小姐，什么时候可以将铜牌奖座拿走。

离开画展后，父亲依旧沉浸在喜悦之中，他一边遗憾当天不能拿走奖座，一边又安慰自己说这样也好，等颁奖的时候可以来给三毛拍照。

走过公用电话亭父亲站住脚步，我听见他在电话里告诉妈妈，说妹妹不但入选西画，还得了一个奖。又说不回去吃晚饭，要妹妹自己选一家餐馆点菜，然后去看一场《克利奥波却拉》——埃及艳后的电影才回去。

那是今生第一次父亲单独外出。过去多年来，因为我没有上正式学校，父母亲想起我的前程，总有如一块巨石压在心口，加上我自己的心理不平衡，在家根本不说话，哑巴似的闷着。这几年来我知道父母因为我不知悄悄落了多少眼泪。而我自己，不是打弟弟就是丢东西，囚兽似的一个。

过马路时父亲拉住我的手，就像小时候他带我去看牙医生时一样。那种温暖使我不惯，微微垂着头眼泪只差没滴下来——许多年来父亲不曾这样对待过我。

进饭馆时好不容易甩掉了父亲的手，肃然坐在他对面。听见父亲在问："你不是最爱鸡浓粟米汤吗？再叫炒虾仁好不好？"我点点头，算是回答。

那顿饭，三毛吃得沉默而沉重，对着黄色的浓汤，还有坐在对面，又小心又滔滔不绝的父亲，她实在不知如何应对、如何沟通，本应是气氛融洽的庆祝餐，三毛却只觉得难挨。

"你知道吗？爹爹一生的理想并不是做律师，爹爹一生想做的是运动家或者艺术家。当年祖父将爹爹小学一年级就送去住校，跟着一群英国老师，一直到念大学都是孤孤单单的。有什么理想也不敢禀告家里的大人，大人说念法律，就去念了……"父亲一面给我布菜一面将一碗汤放在我面前。

"现在你们这一代不同了，你们有什么愿望都可以向爹爹姆妈讲清楚……知道了？"我看着黄黄的汤一直点头。

"就爹爹的看法，你将来最好走上美术这条路，你的天分努力都还够，就是没有下决心，如果你肯下决心，能够一辈子做个画家，做父母的心里不知有多欣慰……"我没法答话，也不敢喝汤，因为父亲没有动筷。

"音乐也是好的，最近练到哪里？"他又问。声音如此的慈爱，弄得我很紧张，一直想呕吐。

"萧邦——夜曲。"我小声地讲。

"书不要念太多，再看下去眼睛要坏了。一技之长很重要，专心去弄一件事情会更有进步。再说你运动不够，网球为什么又不去打了？"

这一顿庆祝餐让三毛意识到，自己多年的休学生活让父亲多么担心，他生怕自己倔强孤傲的二女儿从此成为"毫无用处"的人，她只是得了一个小小的铜奖，便让他有了无限希望——只要她好，无论去做什么，他都会同意。

那次的参展名单被父亲细心地带回家，在三毛的名字上打勾做了标记，又用红笔在一旁标注"铜牌奖"，之后把单子收进资料袋。那个资料袋里，是父亲的收藏，包括孩子们的成绩单，甚至还有幼稚园时期的手工作品。

画展结束后，那块奖牌被三毛的父亲擦了又擦，摆到钢琴上。遇到客人来访，他便会说起三毛的成就，那个从自闭少年到沉默书奴，最后到得奖画家的二女儿。

对于父母来说，三毛的得奖是继文章刊发后的又一件大事。对三毛来说，这也是一种鼓励，得益于顾福生、韩湘宁和彭万墀老师的启发和引导，她的性格开朗了许多。

一次，三毛到陈秀美家里喝茶闲聊，陈秀美劝她考虑再回到学校读书。那时三毛已经休学七年，不适合回高中就读，可她一时也想不出有哪所学校愿意收下初中肄业的自己。

这所向三毛敞开大门的学校，正是中国文化大学。文化大学坐落在台北的阳明山上，是张其昀先生创办的私立学校，当时才刚成立不久，学生也只有两届。

在陈秀美的鼓励下，那个秋天里，三毛鼓足勇气，写下一封长信，向张其昀先生说明自己的情况，信里措辞恳切，感人非常，最后更是写下了"区区向学之志，请求成全"。

很快，三毛收到了张其昀先生的亲笔回信，内容简单而有力："陈平同学，即刻来校报到注册！"就这样，三毛成为了文化学院的选读生，"一样缴费注册，同样考试拿成绩单，唯一不同的是没有学籍"。

去学校见师长的那一天，父母都陪伴我去，我心里暗自祈望父亲不要带了那个铜牌奖上阳明山，他没有。

在学校的会客室里，我打开了几张并不师承什么人的国画，几张油画和两篇发表的文章，算做成绩去交代。教务主任和另外几位老师一看就说："那当然进美术系了，不然国文系。"

我抬起头来，看见父亲、母亲哀哀看着我的眼睛，那种苦苦哀求的神色使我几乎要哭出来。

他们要我做画家，他们要我做画家，他们要我做画家……

填单子时那三个空格巨大地扑在眼前——美术系美术系美术系美术系……美术系有巨大莫名的兽等着吞噬我。那是父母的期望，要我做画家。父母的眼睛，是一匹巨兽，压在我的背上，天天苦盼孩子学个一技之长。

我拿出钢笔来，在众人伏视下，端端正正地填进了——哲学系……也不懂为什么，下山时父亲擦着汗，说："哲学很玄呀！妹妹你念得出来吗？念出来了又做什么呢？"说时他脱掉眼镜将手帕去擦鼻梁和眼镜，一面又说："好了！好了！妹妹终于上大学了。这个天，真热——"

也许在三毛父亲的眼中，那天是整个夏天和秋天里最热的一天，因为他的女儿终于上大学了，这样真好……

　　与美术和国文相比，哲学实在不能算是一技之长，但不管怎样，这都是三毛第一次主动提出想要回学校读书，无论她想学什么，踏出这一步都是巨大的变化，这预示着她的人生即将进入新的篇章。从此，黑暗退散，她的人生乘风而起，飞入另一片瑰丽的天空。

第四章 大学似梦亦真实

01 · 国文课的"后进生"

三毛终于重返校园。在明亮的教室里，在茵茵的草地上，在网球场，在图书馆，她的身影渐渐融入到同龄人中。她没有刻意改变，而是慢慢地放松心情，全心全意地享受这来之不易的大学生活，尽己所能地将迟来的青春谱写得更加完美无悔。

大学生活带给她"长大后"的自由，以及更多的自信。从小到大，三毛在同学中一向以文学见长，小学时的作文永远贴在壁报上，参加"省际演讲比赛"时可以自己写讲稿，就算没有作文课，她也会写长篇故事，制成手抄本，在同学之间传阅。

到了初中，她的作文依旧是"满篇红彩"，评语也是"优级"，但当她重返校园，却义无反顾地投入了哲学的海洋。

当时对于哲学兴趣很浓，手边放着康德的《纯理性批判》为主书，其他尚有一百本以上形形色色哲学副书，都在生吞活剥。那并不是一年级教材内的东西，是自己找来的忙碌。对于国文也就给暂时搁下了。

记得我的国文老师还没来上课时，就有同学告诉我，来者是个很严格的好老师，绰号比本名还要响亮，叫做"西部"。又说如果当面称呼老师"西部"，他可是要不高兴的，人家是极有学识的老师，在他面前最好不要笑。

我自然不敢笑。当我看见那高个子国文老师头戴巴拿马草帽、眼罩深黑色墨镜、口咬林语堂大师同类烟斗、足踏空花编织白色皮鞋、身穿透明朱黄香港衫、腰系松软烟灰青的宽裤，这进得门来，嗳——的一声长气一叹，我都没有笑。

虽然第一堂课上得不落实——易经，那可不是老师的错，是我本身的观察吸取了全部的心思——把这位老师给看痴了过去。觉得他就是漫画或李费蒙小说中"情报贩子"加"国特"的写实角色。

在三毛看来，敢于像"西部"这样打扮的人，一定有着真性情，因为思想和行为上的特立独行，很可能在生活上不太如意。基于这份理解，三毛对国文老师产生了一种自然而然的认同感。她"非常乐意地接受了这位在当时并不是很被人'自然视之'的国文老师"。

"西部"名为何宗周，原籍甘肃，在台湾没有家人。在三毛的回忆里，"西部"老师满腹经纶，教授大一学生实在是大材小用。但在上学时，三毛那股学习的热情和痴迷，都献给了西洋哲学和庄子，就连上课时她都没有看过国文课本。

很快，三毛迎来了第一个学期的期末考试，虽然她是没有教育部学籍的选读生，但考试一样要参加。

国文考试老师只出了四道题，三毛信心满满，认为自己只要答出三道题便可顺利过关，却没想到最后只得了五十八分。眼看自己将要面临补考，三毛直接坐公交车去老师家理论。

在那堆满了书籍的斗室里，我盯住老师，喊一声："老师不会考算术。不然五十分，不然七十五分，这五十八分怎么加减出来的？"

老师看见我的突然冲进门，好似满怀喜悦和惊讶，立即说："走，老师带你去吃晚饭，辣的吃不吃？"

我点点头，不等老师伸手，赶快把他的草帽给递了上去。

等老师跟我坐定在一家小饭馆里，开始喝酒吃花生米时，老师照例未开口先长叹一口气，才说："你国文不行。"我问："到底答对了几题呢？说呀！"老师说："易经答得好，非常好。我问你，孔子哪年修的春秋你怎么不晓得？"

我说："这你去问孔子呀！我哪里晓得。"老师说："书本上有嘛，同学都背下来了，只有你——"

我这时才知自己只靠一题易经得了全卷一半的分数。我在老师的酒杯伸筷子，蘸了一点点米酒放入口中，说："老师吔，孔子当年有过这么一句话，他说——以后的人记得我的，可不

靠春秋这部书哦。"老师笑说："你又晓得了。"我说："古文里
怎么讲我背不起来了，意思是这样的。有没有？"老师再笑，
说道："有的。"我一拍手，叫说："可见孔子本人也不介意，老
师何必在意呢？"

老师说："你补考。"我说："可以呀！不过方式由我来决定，
肯定跟国文沾得上一点点边的。一点点。"老师笑着夹了一筷子
菜给我，说："小孩家，没规矩。"

他等于同意了。

分别时，我去追公共汽车，一面跑一面叫喊："老师，五天后，
三篇作文请你看。"在路灯下还是戴着帽子的老师，很慈爱地对
我挥手。

五天之后，三毛果然带着文章又到了老师家里，一共是三篇，
一篇论说，一篇抒情，还有一篇叙事。

那天老师的心情似乎不太好，一个人坐在书桌前喝酒，不
是很爱理人，稿子也只是让她放着。在三毛试探性的劝说下，
他与三毛一起出去吃饭，却没有当场看那稿子。

寒假剩下的日子已经不多，三毛不敢再去打扰老师，只能
一直等到开学。因为她是选读生，教务处没有她的补考成绩，
只能等老师宣布。那份等待成绩的忐忑，不似当初交出《惑》
时那般强烈，但期盼却比那时更盛。

当老师戴着那顶熟悉的草帽出现在教室门口时，三毛早已瞪大眼睛盯住老师，仿佛是要从他的脸上看出答案来。老师没有开口，只是招手让三毛过去。

"那篇一万多字的叙述，可是真实的？"

我一愣，低下了头，声音很细："是真事情，家事而已。"老师这回清了一下嗓子，很认真地、接近一种严格的声调对我说："好孩子，有血有肉有文章，老师不会看错人的。"

我一时反应不激烈，老师反倒沉不住气似的，把烟斗拔开，说："老师多年不流泪，兵荒马乱也不流泪，看了你文章，哭——"

这时我突然讲了老师一句："你神经哦——"

老师听了不生气，说："不神经，你——你给我记住，你这支笔从此不要给我放下。记牢了？"

我拼命点头。

"几分？"我问。

"九十九分如何？"他慢慢地说，脸上笑容从心底散出来，带着一丝顽童的纯洁。

我听到这个分数，"啪"的打了老师一下肩膀，人已然冲向空空旷旷、长满芦花的后山荒野，我向天空大喊："西部万岁——西部万岁——西部万岁——噢——"

一年半之后，我已经发表了七篇文章。

　　从最初那充满现代派风格、浸透着迷茫和绝望的《惑》，到浪漫而不真实的《秋恋》，再到被国文老师盛赞的、饱含血肉情感的叙事，三毛在文字上一路成长。

　　从鼓足勇气走出家门，怀着必死的决心第一次站到顾福生门前，到后来跟随韩湘宁、彭万墀自然而然地出门参观画展，再到直接登门"质问"考试成绩，三毛渐渐地摆脱了对老师的恐惧和抵触。那些对老师形象的失望和排斥，宛如失意的寒冰，随着岁月的流转，慢慢地被一个个温柔、欢快、豁达、睿智的人生导师消融，终于荡漾成一片春水，倒映出三毛文艺生命的风采，伴随着她的记忆之笔，落成永恒的光辉。

02 · 早恋要趁早

三毛的早慧与早熟，从小便已初现端倪，休学的打击、成百上千本书籍的熏陶，让她的思想比同龄人更加深邃，也让她显得格外特别。

大学时代的三毛成绩中上，平均在 85 分左右，那时的她十分要强，若是同学中有人读了她不曾读过的好书，她一定会尽快找一本来好好钻研揣摩，誓要说出一个更高明的见解来，与同学辩论。时隔多年后，同学周肇南对三毛的印象依旧深刻。

她在我们几个黄毛丫头中间，显得非常特殊。外形是刘海儿覆在前额，发梢匀向脸庞，她开口能讲日文、英文，提笔能画国画、西画，就是她那斜上右上角好像插翅能飞的字体，也是自成一格。

初入大学的男女孩子，大家都会强说愁。尤其在哲学系，什么加缪、柏拉图，说起来每人都有一套。三毛总是静静地在听，淡淡地在笑，不同意别人的话她就怔怔地盯着他瞧。其实她面壁七年的苦读，思想见地都比我们成熟得多。知道她有内涵的，不敢在她面前多开口。喜欢滔滔不绝的人，她也不忍当面拆台。

就是这样一个脱去了自卑外衣的三毛，在进入文化学院后，遇见了自己的初恋。

在三毛的叙述中，她的求婚意向发生得很早，早到小学时想要嫁给那个演了匪兵甲的隔壁班男生。到了十三岁时，她跟着佣人玉珍到屏东东港游玩，之后又乘渔船去了小琉球岛。

那时的三毛一心想要快些长大，她偷看过自己的老师与男生班"魔鬼"李老师的恋爱场面，她相信"谈恋爱"与"长大成人"是紧密相连的。于是在东港的旅行中，三毛谎称自己十六岁，并且一本正经地与一名军校生谈起了恋爱，这是三毛交的第一个男朋友，但这段"恋情"很快被三毛的父母发现，不得已宣告结束。

等到三毛真的十六岁时，她已经慢慢地走出自闭，在父亲的回忆里，那时的三毛也开始有了朋友。

在她真的十六岁时，她的各方男朋友开始不知从哪里冒出来了。她很大方，在家中摆架子——每一个男朋友来接她，她都要向父母介绍，不来接她就不去。这一点，作为父亲的我深以为荣，女儿有人欣赏是家门之光，我从不阻止她。

也是在那一年，三毛在信箱里发现了一封情书，淡蓝色的信封信纸，并没有贴邮票，而是寄信人自己丢进信箱里的。

这样的信每周都会有一封，终于在几个月之后，三毛在巷子里看到了写信的人——一名住在附近的大学生。

不知道他是如何发现三毛的，他们没有交谈过，只是三毛在黄昏出门散步时，偶尔会看见他站在电线杆下，沉静地望着她。他总是双手插在口袋里，眼神温柔而平和。三毛不说话，只是直直地走过他，几步之后，再回头看一眼。

她总是默默地把信收起来，不提他，也不回信，但对方却锲而不舍，每当学校放假，他会回到香港，之后寄来香港的风景明信片，写着"有一天，等我毕业了，我要娶你，带你来坐渡轮，看香港的夜景"。

这半生了，回想起来，那个人的眼神总使我有着某种感动，我一点也不讨厌他。两年之后，他毕业了，回港之前的那封信写得很周详，香港父亲公司地址、家中地址、电话号码，全都写得清清楚楚。最后他写着："我不敢贸然登府拜访，生怕你因此见责于父母，可是耐心等着你长大。现在我人已将不在台湾，通信应该是被允许的。我知你家教甚严，此事还是不该瞒着父母，请别忘了，我要娶你。如果你过两三年之后同意，我一定等待……"

那时，我正经过生命中的黯淡期，休学在家好几年，对什么都不起劲，恋爱、结婚这种事情不能点燃我生命的火花，对于这一个痴情的人，相连的没有太多反应。

后来那种蓝信封由英国寄来，我始终没有回过一封信，而那种期待的心情，还是存在的，只是不很鲜明。如果说，今生有人求过婚，那位温柔的人该算一个。

当三毛进入文化大学，年长三岁的姐姐陈田心已经"出落得像一朵花般的在亲戚间被发现了"，从此陈家媒人不断，三五个月就会有人登门求亲。

若是姐姐没有看上的人，被婉言谢绝时，媒人总不死心地说"姐姐看不上，那妹妹也可以"。听到这种话，三毛总是很不高兴，每次她都将人骂回去。

我今生第二次向人求婚还是在台湾……那是我真正的初恋。

三毛进入文化大学时，这座刚成立不久的学校里只有两届学生，加在一起两百多人，因为学生不多，所以认识起来也很方便，很快，三毛便注意到一名学戏剧的学长。

他是梁光明，曾经当过兵，还做过小学老师，不同的经历，让他在一群学生中显得卓尔不群。那年的梁光明，高大英俊，儒雅沉稳，已经以舒凡为笔名出版了两本文集，是校内名副其实的才子，也是很多女生谈论的中心人物。

三毛从女生口中听到了舒凡的名字，对于这位风云人物，三毛并没有着急结识，而是找来舒凡的作品，认真品读。

舒凡的作品文笔优美，思想深厚，让三毛非常喜欢，继而也对写下这些作品的人生出倾慕之情。舒凡的文字让三毛就此沉沦，当她真正看到舒凡时，又被那人文合一的协调之美击败，一颗心，就这样彻底地被他俘获。

在文化大学，与舒凡的名气一样出名的是他的"傲气"。他被许多女生爱慕，却从未与任何一个交往过，无论长相漂亮与否，似乎都不能入其法眼，主动追求他的女生，因为得不到回应，都不敢继续坚持。

三毛与这些女生不同，她不再是当年那个话也不敢说的匪兵乙，也不是急于长大的"伪十六岁"少女，经历过初见顾福生时的惊心，她渐渐地对爱情有了更为清晰准确的概念。她的内心日渐成熟，对自己的理想也愈发执着，她毫不掩饰地对舒凡发起了攻势。

我对这个男孩，如同耶稣的门徒跟从耶稣一样，他走到哪里我跟到哪里。他有课，我跟在教室后面旁听；他进小面馆吃面条，我也进去坐在后面，这样跟了三四个月，其实两个人都已经面熟了，可是他始终没有采取任何行动……

我曾经替自己制造和他同坐一趟交通车的机会，为的是想介绍一下自己，但是他根本不理睬我，我连话也没跟他说上……我的心第一次受到爱情的煎熬……那不能称之为爱情，而只是一种单相思，蛮痛苦也蛮甜蜜的。我深深地爱上了这个男孩子，一种酸涩的初恋幻想笼罩着我。

越是得不到的，越觉得无限美好，舒凡的冷傲沉默让三毛更加沉迷。她用惊人的毅力，将自己的时间都用来与舒凡"相遇"。在教室，在面馆，在车上，在校园草地中的小径，在图书馆的桌旁……她开始在意自己的衣着，只因为要将最好的一面展现给舒凡。

就这样，几个月过去，三毛在追求舒凡这件事上，变成了学校里公开的秘密。文化大学的学生本就不多，舒凡是名人，三毛发表过文章，在校内也是名人，这场名人之间的单恋和追求，一时间成为众人谈论的话题。

三毛不在乎其他人的看法，但舒凡的冷淡的确让她既伤心又烦恼，经过一段时间的观察，她发现了舒凡的变化。

每次三毛和其他女生一起遇到舒凡时，舒凡的反应就有些反常，他会故意无视三毛，却与其他女生说笑，三毛认为这恰好证明了舒凡已经注意到她了。

得出这样的结论，让三毛非常高兴，现在，她急需一个机会，一个能让她与舒凡拉近距离、一个能让她真正走向他的机会。

03 · 写在你的掌心

一片精诚的三毛，终于等到了这样一个好时机。

那时她常有作品发表，出版社和报社会将稿费寄到学校来，虽然数额不大，但在学生中仍是一件大事。三毛常常用稿费请同学吃饭，正是在这样的一次宴会上，舒凡出现了。

他本不应该来的，可是那天，那扇门，的确被推开了，舒凡走了进来。他来得那么突然，又是那么惹人注目，就像戏剧中的主角那样，在大家的注视下若无其事地走进来。

有同学叫着，说是陈平拿到了稿费，请大家聚餐。舒凡不说什么就坐了下来，三毛为他倒上一杯酒，之后紧张地等着他开口，毕竟她是这场宴会的东道主，但舒凡只是喝光了三毛倒的酒，便转身和其他同学推杯换盏、侃侃而谈。

看着如此矜持的舒凡，三毛前一分钟还疯狂跳动的心脏顿时被挫败和自卑填满，她不断安慰自己，强撑着笑容，不动声色地观察着舒凡，等着他的下一步行动。可是什么都没有发生，舒凡提前离开了聚餐，连一句话也没有对三毛说。

　　三毛彻底败了，她想大声哭泣，放肆地流泪，但在众多同学面前，她不能。舒凡离开后，三毛又喝了很多酒，那随着米酒咽下的眼泪格外苦涩，让她忍不住再次清泪满眶。

　　终于熬到结束，同学们热闹地道别，各自离开，只有三毛满怀心事地在校园里散步。她走到平坦的操场上，这里不像狭窄的步道，会和认识的同学迎面相遇，在这里，三毛可以安静地思考，安心地叹息。

　　踩着柔软的草坪，三毛压抑许久的眼泪终于落了下来，隔着这片泪海，一个身影落入眼中，那不正是舒凡吗？那个让三毛魂牵梦萦的舒凡，恰好也在操场上。

　　于是我带着紧张的心情朝他走去，两个人默默无语地面对面站着。我从他的衣袋里拔出钢笔，摊开他紧握的手，在他的掌心上写下了我家的电话号码。自己觉得又快乐又羞涩，因为我已经开始了！

　　还了钢笔，对他点个头，眼泪却禁不住往下掉。一句话也没说，转了身拼命地跑，那天下午我逃课了，逃回家里守着电话，只要电话铃声一响，就喊叫："是我的！是我的！"

　　但是，那些电话并不是舒凡打来的，也不是找三毛的，几番折腾下来，全家人都明白，三毛是在等一个男孩的电话。

　　又一次不是他的电话，三毛失落地向自己的房间走去，母亲本想拉住三毛问个清楚，却没想到不等她开口问，三毛的眼泪就掉了下来，她又一次想起了舒凡的冷漠和高傲，想起了他的视而不见，自卑和绝望将她的情绪撕裂，她低低地说："姆妈，他不会给我打电话的。"

三毛将自己在舒凡掌心写下电话的事告诉了母亲，母亲惊叹地说三毛这样主动会吓到对方。听到母亲的话，三毛顿时情绪崩溃，她大声地哭喊起来，但她喊的话却没人能听懂。等她哭得累了，便静下来，呆呆地继续等着电话。

那一天，她不肯吃饭，甚至不肯坐到桌边，只是专心地、执着地等着电话响起。

五点半，电话又响了。这一次，家里人都没有去接电话，而是看着三毛。此时的三毛早已经没了开始时的激动，而是纠结地看着电话，生怕这一通也不是舒凡打来的。

电话铃响了几声，三毛才飞快地窜过去，一把拿起话筒。电话是舒凡打来的，三毛应着"我是"，转眼便笑了起来。

一直守到晚上五点半，他真的约了我，约我晚上七点钟在台北车站铁路餐厅门口见。我没有一点少女的羞涩就答应了，这样，我赴了今生第一次的约会。

三毛依约赶到餐厅门口时，舒凡已经等在那里。看着之前遥不可及的心上人，此刻就站在自己眼前，三毛的内心充满了甜蜜与喜悦。

第一次约会，他们乘车一起去淡水旅行，接下来的日子里，他们出双入对，成为校园里令人羡慕的一对璧人。

每天早上，舒凡会在车站等三毛，之后一起去上课。下了课，舒凡又到三毛上课的楼前等她一起乘车下山。若是两人都没有课，他们便在校园里散步，在草地上读书、聊天。舒凡知识渊博、乐观踏实，在他的陪伴和影响下，三毛变得更加开朗，生活态度也更加积极向上。

三毛的这段感情也受到家人的关注。三毛的父亲对舒凡印象很好，看着三毛一天天开朗乐观起来，父亲甚至认为，三毛与舒凡的恋爱，是那些年来唯一正确的一场，他希望他们能顺利地进行下去。

但知女莫若父，在父亲的眼中，三毛和舒凡的这段感情虽然美好，却很难把握住。一人寂寞冷，两人相处难，三毛从小便是个随性自在的人，她有才，也有脾气，而舒凡有着成熟的人生经历，自我意识也非常强烈，宛若两块玉石，想要相互改变，实在太难，但舒凡对三毛很有信心，因为她"有勇气"。

等到三毛进入文化大学哲学系去做选读生时，她开始轰轰烈烈地去恋爱，舍命地去读书，勤劳地去做家教，认真地开始写她的《雨季不再来》。这一切，都是她常年休学之后的起跑。

对于我女儿初恋的那位好青年，作为父亲的我，一直感激在心。他激励了我的女儿，在父母不能给予女儿的男女之情里，我的女儿经由这位男友，发挥了爱情正面的意义。当然，那时候的她并不冷静，她哭哭笑笑，神情恍惚，可是对于一个恋爱中的女孩而言，这不是相当正常的吗？那时候，她总是讲一句话："我不管这件事有没有结局，过程就是结局，让我尽情地去，一切后果，都是成长的经历，让我去——"

对三毛来说，遇见舒凡，是她在大学时代最美妙的经历。

他不只给了我人生不同的经验和气息，也给了我两年的好时光，尤其是在写作上给了我一个很好的教育。可是，我们的初恋结果——分手了。

转眼，三毛升入三年级，而舒凡面临着毕业，他开始忙于毕业论文和答辩，发求职信，信心满满地准备迎接新的生活。

那段时间里，三毛和舒凡谈论最多的便是他毕业之后的前途。与舒凡的跃跃欲试相反，三毛的反应显得冷淡很多，面对即将分别的现实，她越发感到不安，慢慢地，三毛变得魂不守舍，情绪起伏剧烈，内心的焦躁让她随时可能流下眼泪。

从相识到相恋，舒凡对三毛越发了解，他明白三毛内心的不安和忧虑，却无法认同。在他看来，就算他毕业离校，他们的关系依旧可以维系，根本不需要这般如临大敌。而对三毛来说，舒凡的毕业意味着分别，意味着他会远离、会淡忘、会走出她的世界，她会再一次品尝失去的痛苦，忍受孤单的寂寥。

事实上，在三毛与舒凡的关系里，三毛一直很主动，很多时候她甚至很难分辨，到底是自己的执着打动舒凡，获得了他的怜悯和回报，还是他真的很爱她。她用力握住这份感情，全心全意地跟在舒凡身旁，却依旧感到不安，因为她的感情没有得到同样炽烈的回应。

眼看毕业的日子一天天临近，看着舒凡按捺不住的喜悦，三毛几乎已经看到了他们的未来——没有希望和可能的未来。

三毛不能接受这样的结局，更害怕自己和舒凡会走向分别。辗转反侧，日夜煎熬，让她变得更加神经质，满腔的委屈和忧虑，面对兴致勃勃的舒凡却无从言说，只能用失控的情绪来宣泄，但这种宣泄不会让事态有任何变化，舒凡依旧会毕业。

于是她捧出自己最浓烈的爱，想向舒凡求一个承诺，好让他们的感情真正稳定下来。在三毛看来，这是唯一能让她安心的做法——她向他求婚了。

在三毛的思想里，只要结婚，舒凡就会永远留在她身边，她根本没有考虑过柴米油盐的现实，也没有想过未来的生活。求婚的那一刻，她只是想用这种形式，将舒凡和幸福一并抓紧，这便是三毛人生中的第二次求婚。

04 - 最甜最苦是初恋

对方没有答应我。我求了又求，求了又求，哭了又哭，哭了又哭。后来我走了。

无论这个世界多么开放，女孩向男孩求婚的情况依旧罕有，但三毛并不在意这些，在她看来，只要想就应当去做，无论结果如何，都要努力去做。

于是，就在一个下午，当他们在校门口的咖啡馆喝咖啡时，当舒凡再一次提起论文和毕业时，三毛突然提出了结婚的请求。

舒凡起先没有当回事，以为三毛又在幻想，直到她毫无征兆地哭起来，舒凡才意识到问题的严重性，他一时没有办法，只能先将三毛拉到学校的操场上，因为那里空旷，说话方便些。

到了操场，三毛不依不饶，表示若不想结婚可以马上分手。舒凡只能解释自己没说不结婚，那一刻，三毛仿佛看到了希望，她立刻追问道："既然要结婚，早晚有什么关系？"

三毛的想法是美好的，但并不现实，在舒凡看来，读大学，毕业，进入社会，工作，生活稳定，这些才是结婚的条件，那是人生大事，不是头脑一热就可以决定的。哪怕三毛提出她可以马上休学，结婚后一起挣钱，共同生活，舒凡依旧没有答应。

与彼时热情盲目的三毛相比，他更加成熟冷静，也现实得多。面对情绪激动的三毛，他尽可能委婉地向她解释，说自己在事业未稳之前不会成家。无论三毛的态度多么坚决，舒凡还是劝她冷静地好好想想，之后便离开了。

站在操场上，看着舒凡的背影，三毛只觉得万念俱灰，她不想去上课，也不敢带着泪眼回家，只能留在操场上。等到舒凡回家的时间，三毛跑到楼下等他，躲到树后想看看舒凡是不是去找她。可是，舒凡却径自跨上车向校门方向骑去，当三毛再骑车追过去时，舒凡早就没了踪影。

三毛自己骑车回家，进了院子，她猛地将自行车扔到墙角，发出"哐当"一声巨响。母亲听到声音，迎出来问三毛怎么了，当问到舒凡时，三毛只气鼓鼓地回了一句"死了"，说完便跑回自己的房间，不再出来。

那天之后，三毛重新收拾心情，不断地求舒凡，舒凡亦在不断地拒绝，一定要等到工作和生活稳定之后再考虑，可三毛不想等，也不能等，她决定赌一次，哪怕是恐吓威胁也好，她想得到舒凡的回答，想得到她要的稳妥，想得到关于"感情的保证答案"。

于是三毛告诉舒凡，如果毕业之后他们分手，她就要去西班牙留学，那里有她的朋友。之后三毛便等着舒凡挽留她，三毛打定主意，只要舒凡开口挽留，就说明他在意自己，她便留下和他结婚。

当她把结婚的打算告诉家人时，父母没有惊讶，只是问舒凡怎么回答，三毛先是说"他会同意的"，之后又说"他不同意也得同意"，到最后成了"他不同意我就出国去"。

我吵着要出走，父母力劝无用，终日忧伤得很。

"你是要镀金？要留洋？还是老实说，要出去玩？"我答："要去游学四海，半玩半读，如何？"

父母听我说出如此不负责任的话来，更是伤心，知道此儿一旦飞出国门，一定丢人现眼，叫外国人笑话。"这样没有用的草包，去了岂不是给人吃掉了。"他们整日就反反复复的在讲这句话，机票钱总也不爽快地发下来。

外祖父看见我去意坚定，行李也打好了，就叫父母说："你们也不要那么担心，她那种硬骨头，谁也不会爱去啃她，放她去走一趟啦！"

那时的三毛还在与舒凡斗气，气他不给自己承诺，更气他不肯挽留自己，但无论是去西班牙还是结婚，对三毛来说，都不是字面上原本的意思，她苦苦希求的，不过是一份安稳。

可是，舒凡最终没有开口，也没有挽留，起先他以为三毛只是在耍脾气和威胁自己，但慢慢地，三毛的出国手续依次办好，他又如何再开口呢？终于，三毛自导自演的这场悲情假戏，演成了疼痛的真实，她用自己的执念，将一个人的焦灼，烧成了两个人的伤痛。

其实，我并不想出国，但为了逼他，我真的一步步在办理出国手续。等到手续一办好，两人都怔住了：到底该怎么办呢？

临走前的晚上，我还是不想放弃最后的机会："机票和护照我都可以放弃，只要你告诉我一个未来。"

他始终不说话。"我明天就要走了哦！你看呀！我明天就要走了，你真的不给我一个答案？"我再逼他的时候，他的眼泪却不停地滴下来。再也逼不出答案来时，我又对他说："我去一年之后就回来。"

那一夜，两个人面对着面，聊着无从想象的未来，收音机里却放出那首《情人的眼泪》，听着那伤感的歌词，和舒凡哼唱的"要不是有情人跟我要分开，我的眼泪不会掉下来，掉下来"，三毛的眼泪也止不住地流泻。

抱着最后的一丝希望，三毛最后一次问舒凡："有没有决心把我留下来？"

舒凡却低下头，说了一句："祝你旅途愉快。"

舒凡没有挽留三毛，只因那时的他无法给她真正的承诺。年轻女孩之所以浪漫，是因为她们只在意恋人的态度。年轻男孩却常常着眼于真实的行动。于是才有了"他不够爱我"，才有了"女人心海底针"，三毛用尽气力拼到惨败，最后耿耿于怀的，也不过是舒凡的决心。

就这样，三毛被自己的感情逼出了国，走上不知归期的漂泊之路，从此，她告别故土，成了流浪的三毛。

初恋总是极甜又极苦，仿佛只有如此壮烈的体验，才称得上是初恋。关于悲伤，三毛一向写得极少，她仿佛是人间的勇士，用冷静的、宛若他人的语气描写自己的难过，只在那些亦真亦假的故事里，才会流露出真正的心迹。

在《雨季不再来》中，她是卡帕，一个有着日本语绰号的女生，一个被戏称作"河童"的女生，而他是戏剧系的"培"。

我知道，我只是在拖延时间，盼望着教室门口有培的身影来接我，就如以前千百次一样……今日培会来找我么？他知道我在这儿，他知道我们彼此想念着。培，你这样不来看我，我什么都做不出来，培，是否该我去找你呢，培，你不会来了，你不会来了，你看，我日日在等待中度日——四周的窗全开着，雨做了重重的帘子，那么灰重的掩压了世界，我们如此渴望着想看一看帘外的晴空，它总冷漠的不肯理睬我们的盼望。而一个个希望是如此无助的被否定掉了……

我们好似走了好久，我好似有生以来就如此长久地在大雨中走着……我觉得四周，满溢的已不止是雨水，我好似行走在一条河里。我湿得眼睛都张不开了……这时候我哭了，我不知道这永恒空虚的时光要何时才能过去，我就那样一无抗拒地被卷在雨里，我漂浮在一条河上，一条沉静的大河，我开始无助地浮沉起来，我慌张得很，口中喊着，培，快来救我，快点，我要沉下去了，培，我要浸死了。

在《回声》专辑里，她用自己半生的心路历程写下词句，谱成长歌，流转世间。《七点钟》里，满溢着第一次相约时的喜悦和慌乱：

七点钟 / 你说七点钟 / 好好好 / 我一定早点到 / 啊 / 明明站在你的面前 / 还是害怕这是 / 一场梦 / 是真是幻是梦……车厢里面对面坐着 / 你的眼底 / 一个惊慌少女的倒影 / 火车一直往前去啊 / 我不愿意下车 / 不管它要带我到什么地方 / 我的车站 / 在你身旁 / 就在你的身旁 / 是我 / 在你的身旁……

被三毛取名为《今生》的初恋，从此拉开序幕，而她坐上爱情的列车，一路上过尽今生。在《飞》中，她曾经倾尽一切，只求他的开口：

我不怕等待 / 你始终不说的答案 / 但是 / 行装理了 / 箱子扣

了／要走了要走了要走了／这是最后一夜了／面对面／坐着没有终站的火车／明天要飞去／飞去／没有你的地方……钥匙在你的紧锁的心里／左手的机票右手的护照／是个谜／一个不想去解开／不想去解开的谜／前程也许在遥远的地方／离别也许不会在机场／只要你／说出一个未来／我会是你的／这一切都可以放弃……

当她在荷西去世后，带着一颗死去的心回到台湾，在一个猝不及防的时刻与舒凡相遇，写下《说时依旧》的歌词：

重逢无意中相对心如麻／对面问安好不提回头路／提起当年事泪眼笑荒唐／我是真的真的真的爱过你／说时依旧泪如倾／星星白发犹少年／这句话请你放在心底／不要告诉任何人你往哪里去／不要不要跟我来／家中孩儿等著你／等爸爸回家把饭开……

从厌学休学到自厌自闭，到重新回到学校，与舒凡相识，再为情所困远走他乡，一步一步，三毛走过心底最潮湿的雨季，走过人生的青涩，也将二毛走成了三毛。从此，雨季止歇，她的人生开启了新的篇章，一如她所写的那样。

我注视着眼前的雨水，心里想着，下吧，下吧，随便你下到哪一天，你总要过去的，这种日子总有停住的一天，大地要再度绚丽光彩起来，经过了无尽的雨水之后。我再不要做一个河童了，我不会永远这样沉在河底的，雨季终将过去。总有一日，我要在一个充满阳光的早晨醒来，那时我要躺在床上，静静地听听窗外如洗的鸟声……对着镜子，我会再度看见阳光驻留在我的脸上，我会一遍遍地告诉自己，雨季过了，雨季将不再来……在那一日早晨，当我出门的时候，我会穿着那双清洁干燥的黄球鞋，踏上一条充满日光的大道，那时候，我会说，看这阳光，雨季将不再来。

第二阶段　笑看西风不识相

01 · 奔向未知的自由

你听过有什么结果的初恋吗？很少，是不是？是受着重挫走的，那么空空洞洞的一个人。走的时候，机场大厅里一遍又一遍呼唤，呼唤没有航向的飞行者向第三号登机口离去。

1967 年，三毛告别台湾，飞向了西班牙。

至于为什么选择这个国家，三毛解释说，自己在大学期间曾听到过一张西班牙古典吉他的唱片，节奏感明快的弦音，仿佛是迫不及待想要跃出的精灵，热情而奔放。在三毛的想象中，这个国家除了有写下《堂·吉诃德》的塞万提斯，有她当年一心想嫁的毕加索，还有明朗的田园、遍布原野的白房子、香气浓郁的大片葡萄园，有自由飞奔的毛驴和悠扬欢快的乡村牧歌，总之，那里是一个火热而充满朝气的国度。

经由顾福生等老师的指点和引导，三毛因受伤而僵固的心灵已经慢慢苏醒，在文化学院的三年里，对哲学的学习让她的视界和思路更加宽广。面对初恋的无疾而终，三毛再一次想到了吉他弦上那个热烈的西班牙，她说："我一直在想，是不是应该到那里看一次，然后把哲学里的苍白去掉。"

儿行千里母担忧，三毛因情伤贸然决定出国，作为父母，一方面担心她未来在国外的生活，另一方面又担心过度地阻挡会刺激女儿敏感的神经，激发她日趋平和的叛逆与自卑。在三毛看来，这次出发是奔向另一个全新世界的开始。对于父母来说，却是眼睁睁地看着自己的女儿，投入那个不可知也不可触碰的巨大旋涡之中，一切都那么令人不安。

父亲对三毛这次离家时的印象非常深刻，时隔多年后，当他再次谈起，这份记忆又因为三毛其后二十载的辗转漂泊，染上了更多的思念与感伤。

我的二女儿，大学才念到三年级上学期，就要远走他乡。她坚持远走，原因还是那位男朋友。三毛把人家死缠烂打苦爱，双方都很受折磨，她放弃的原因是：不能缠死对方，而如果再住台湾，情难自禁，还是走吧。

三毛离家的那一天，口袋里放了五块钱的美金现钞，一张七百美金的汇票单。就算是多年前，这也实在不多。我做父亲的能力只够如此。她收下，向我和她母亲跪下，磕了一个头，没有再说什么。上机时，她反而没有眼泪，笑笑地，深深地看了全家人一眼，登机时我们挤在了望台上看她，她走得很慢很慢，可是她不肯回头。这时我强忍着泪水，心里一片茫然，三毛的母亲哭倒在栏杆上，她的女儿没有转过身来挥一挥手。

我猜想，那一刻，我的女儿，我眼中小小的女儿，她的心也碎了。后来她说，她没碎，她死了，怕死的。

在三毛的叙述中，这段离别显得生动风趣了许多，回顾离别，她并不说自己有多么心痛多么不安，父母的顾虑与担忧她不是不懂，只因那时气盛执拗，勇敢如她，直白的笔下只有满满的一腔真性情，离别的忧伤不适合她，也不适合那个火热的目的地。

在闷热的机场，父亲母亲抹着眼泪，拉住我一再地叮咛："从此是在外的人啦，不再是孩子啰！在外待人处世，要有中国人的教养，凡事忍让，吃亏就是便宜。万一跟人有了争执，一定要这么想——退一步，海阔天空。绝对不要跟人呕气，要有宽大的心胸……"

我静静地听完了父母的嘱咐，用力地点点头，以示决心，然后我提起手提袋迈步往飞机走去。

上了扶梯，这才想起来，父母的账算得不对，吃亏怎么会是便宜？退一步如果落下深渊，难道也得去海阔天空？

我急着往回跑，想去看台下问明白父母才好上路，不想后面闪出一个空中少爷，双手捉住我往机舱里拖，同时喊着："天下哪有不散的筵席，快快上机去也，不可再回头了。"

我挣扎地说："不是不是，是弄明白一句话就走，放我下机啊！"

这人不由分说，将我牢牢地绑在安全带上。机门徐徐关上，飞机慢慢地滑过跑道。

我对着窗户，向看台大叫："爸爸，妈妈，再说得真切一点，才好出去做人啊！怎么是好……"

飞机慢慢升空，父母的身影越来越小。我叹一口气，靠在椅子上，大势已去，而道理未明，今后只有看自己的了。

不写怕，不写迷茫，甚至没有写一句告别的话，只有父母的叮咛，还有心底那个奇怪的问题。那是她心内的所有不安，所有不舍，还潜藏着所有的无助。

三毛并不是家里第一个出国的人，事实上，她的祖父和外祖父都曾几经辗转到国外经商，外祖父甚至有个英国时期的漂亮女友，高兴时，他还会说几句"洋话"吓唬家里的小孩子。

正是在外祖父的支持下，三毛的父母才勉强同意她出国。但对三毛来说，外面的一切都是陌生的，当她真正坐上飞机，当她曾经"叫嚣"的留学行程终于开始时，她的内心突然无比渴望回到那个温暖的家，回到令人心安的父母身边。

与大多数多愁善感的女孩不同，三毛更加果敢，怀着对未来的不安，她努力走过雨季，翘首期待云开见日的人生。在飞机的滑行和飞翔中，台湾的一切被抛在了身后，一片未知的国度正向她敞开怀抱，在那里，她将找寻自由和生活的意义，遇见自己的爱情与新生。

父亲的朋友将三毛接下飞机，将她送到马德里大学一所叫作"书院"的女生宿舍。从此，三毛开始了她在马德里大学哲学院为期两年的进修生活。

三毛在作品中将外国人戏称为"洋鬼子"，但她本人却漂泊半生，与自己笔下的"洋鬼子"们相识、结交、来往，其乐融融，不觉厌腻。

这座书院里从来没有住过中国留学生，三毛对自己的处境看得冷静而清楚，她看别人是外国人，别人看她也是稀奇的，在"洋鬼子"眼中，她也是一种"鬼子"。

在台湾时，三毛一直是一个人居住，再加上自闭时期她总躲着家人，把自己锁在书籍围成的墙壁里，这样偏离常规的轨外生活，多少养成了她"划地为王"的习惯。所以，当她发现自己的房间是合宿卧室时，感到非常不习惯。

我分配到的房间是四个人一间的大卧室，我有生以来没有跟这么多人同住的经验……这一次，看见我的铺位上还有人睡，实在不情愿。但是我记着父母临别的吩咐，又为着快快学会语文的缘故，就很高兴地开始交朋友……

第一两个月的家信，我细细地报告给父母听异国的情形。

我写着："我慢慢地会说话了，也上学去了。这里的洋鬼子都是和气的，没有住着厉鬼。我没有忘记大人的吩咐，处处退让，她们也没有欺负我，我人胖了……"

人在异国，初来乍到，语言不通，环境陌生，这一切让三毛来不及为失恋烦恼，每日只想着尽快开始正常的学习生活。

因为语言不通，课程自然是最令人头疼的问题。在最初的三个月里，三毛努力适应着学院的集体生活，但这集体生活，慢慢地也从最初的"礼尚往来"变成了"能者多劳"。

起初的两个月，整个宿舍的同学都对我好极了。她们又爱讲话，下了课回来，总有人教我说话，上课去了，当然跟不上，也有男同学自动借笔记给我抄。

一切都是新奇的。在西班牙，在这个想象中热情洋溢的国家，三毛开启了自己的异乡生活。那时的她没有意识到，自己的人生从踏上西班牙的那一刻，便注定开始漂泊。她也不曾想到，西班牙，这个当下给了她自由的国度，会在未来带给她无限温柔的经历与回忆。

02 · 会发威的东方老虎

初到学院时，三毛谨记父母的忠告，凡事忍让，半年时间下来，她努力与每个人好好相处，坏脾气一次也没有爆发，但她的忍让却带来了意想不到的问题和麻烦。

四个人住的房间，每天清晨起床了就要马上铺好床，打开窗户，扫地，换花瓶里的水，擦桌子，整理乱丢着的衣服。等九点钟院长上楼来看时，这个房间一定得明窗净几才能通过检查，这内务的整理，是四个人一起做的。

最初的一个月，我的同房们对我太好，除了铺床之外，什么都不许我做，我们总是抢着做事情。

三个月以后，不知什么时候开始的，我开始不定期地铺自己的床，又铺别人的床，起初我默默地铺两个床，以后是三个，接着是四个。

最初同住时，大家抢着扫地，不许我动扫把。三个月以后，我静静地擦着桌子，挂着别人丢下来的衣服，洗脏了的地，清理隔日丢在地上的废纸。而我的同房们，跑出跑进，丢给我灿烂的一笑，我在做什么，她们再也看不到，也再也不知道铺她们自己的床了。

有一天我在早饭桌上对这几个同房说："你们自己的床我不再铺了，打扫每人轮流一天。"

她们笑眯眯地满口答应了。但是第二天，床是铺了，内务仍然不弄。

出国时，三毛带了很多衣服，虽然不是中式服装，但身处一群西班牙同学中，她还是觉得自己身上的异国气息很浓重，这种差异总让她缺少一种归属感，于是三毛只要一下课就会跑到马德里的百货公司去买衣服。

当时父亲管我每月一百美金的生活费，缴六十美金给书院吃住，还有四十美金可以零花。那时西班牙生活水平低，四十美金跑跑百货公司足足有余，那时候一件真毛皮大衣也只需六十美金就可以买下了。

从台湾带去的衣服足以轰动整个宿舍，为此院长还为她的衣服特别分配了一个大衣柜，加上后来添置的衣服，三毛的衣柜成了全宿舍的"时装店"，每天都有不同的女生来借衣服。开始时三毛不说什么，其他女生也记得每天有借有还，但到了后来，她们开始自己动手去拿。

每天吃饭时，可以有五、六个女孩子同时穿着我的衣服谈笑自如，大家都亲爱地叫着我宝贝、太阳、美人等等奇怪的称呼。说起三毛来，总是赞不绝口，没有一个人说我的坏话。但是我的心情，却越来越沉落起来。

因为我当时没有固定的男朋友，所以平日下课了总在宿舍里念书，看上去不像其他女同学那么忙碌。

如果我在宿舍，找我的电话就会由不同的人打回来。

——三毛，天下雨了，快去收我的衣服。

——三毛，我在外面吃晚饭，你醒着别睡，替我开门。

——三毛，我的宝贝，快下楼替我去烫一下那条红裤子，我回来换了马上又要出去，拜托你！

——替我留份菜，美人，我马上赶回来。

放下这种支使人的电话，洗头的同学又在大叫——亲爱的，快来替我卷头发，你的指甲油随手带过来。

刚上楼，同住的宝贝又在埋怨——三毛，今天院长骂人了，你怎么没扫地。

三毛成了整个书院宿舍的老好人，每个女同学都把她当作自己最好的朋友，宿舍的学生代表大家也推举三毛担任，因为那是个负责宿舍所有杂事的职务。炎黄子孙的美德和修养让三毛步步退让，慢慢地她发现，自己"的确是人人的宝贝，也是人人眼里的傻瓜"。

终于在一天晚上，三毛爆发了。

有那么一个晚上，宿舍的女孩子偷了望弥撒的甜酒，统统挤到我的床上来横七竖八地坐着、躺着、吊着，每个人传着酒喝。这种违规的事情，做来自是有趣极了。开始闹得还不大声，后来借酒装疯，一个个都笑成了疯子一般……我，虽然也喝了传过来的酒，但我不喜欢这群人在我床上躺，我说了四次——好啦！走啦！不然去别人房里闹！但是没有一个人理会我，我忍无可忍，站起来把窗子哗的一下拉开来，而那时候她们正笑得天翻地覆，吵闹的声音在深夜里好似雷鸣一样。

"三毛，关窗，你要冻死我们吗？"不知哪一个又在大吼。

我正待发作，楼梯上一阵响声，再一回头，院长铁青着脸站在门边，她本来不是一个十分可亲的妇人，这时候，中年的脸，冷得好似冰一样。

"疯了，你们疯了，说，是谁起的头？"她大吼一声，吵闹的声音一下子完全静了下来，每一个女孩子都低下了头。

我站着靠着窗，坦然地看着这场好戏，却忘了这些人正在我的床上闹。

"三毛，是你。我早就想警告你要安分，看在你是外国学生的份上，从来不说你，你给我滚出去，我早听说是你在卖避孕药——你这个败类！"

我听见她居然针对着我破口大骂，气得要昏了过去，我马上叫起来："我？是我？卖药的是贝蒂，你弄弄清楚！"

"你还耍赖，给我闭嘴！"院长又大吼起来。

被冤枉和污蔑的那一刻，三毛之前的委屈和愤怒，一下子如火山般爆发出来。三毛尖叫着哭起来，因为气急，她的嗓子一下沙哑了，她不知该如何解决，只能摔门冲出了房间。

三毛跑到走廊上，看到平时打扫用的扫把，便一把抓起冲回房间，怒兽一般对着那群同学又叫又打，她顾不得什么修养和忍让，也不想考虑之后会发生什么，她只想将平日里积累的愤怒发泄干净。

我不停地乱打，背后给人抱住，我转身给那个人一个大耳光，又用力踢一个向我正面冲过来女孩子的胸部。一时里我们这间神哭鬼号，别间的女孩子们都跳起床来看，有人叫着——打电话喊警察，快，打电话！

我的扫把给人硬抢下来了，我看见桌上的宽口大花瓶，我举起它来，对着院长连花带水泼过去，她没料到我那么敏捷，退都来不及退就被泼了一身。

我终于被一群人牢牢地捉住了，我开始吐捉我的人的口水，一面破口大骂——婊子！婊子！

院长的脸气得扭曲了，她镇静地大吼——统统回去睡觉，不许再打！三毛，你明天当众道歉，再去向神父忏悔——

"我？"我又尖叫起来，冲过人群，拿起架子上的厚书又要丢出去，院长上半身全是水和花瓣，她狠狠地盯了我一眼，走掉了。

女孩子们平日只知道我是小傻瓜，亲爱的。那个晚上，她们每一个都窘气吓得不敢作声，静静地溜掉了。

留下三个同房，收拾着战场。我去浴室洗了洗脸，气还是没有发完，一个人在顶楼的小书房里痛哭到天亮。

三毛不承认自己有错，她既不肯道歉，也不肯像天主教徒那样忏悔。那段时间宿舍的气氛一直很僵，同学们既客气又礼貌，但三毛的态度却是冷冰冰的，她怀着"大不了我滚"的想法，过起了有脾气的生活。

那些借走的衣服统统被还了回来，三毛要她们洗了再还。她不再接电话，哪怕就坐在电话边。她不再铺床，把脏东西扔在地上，下课回来后她的床铺平整，房间干净。她不再顺从别人的喜好，而是借来京戏的唱片，大声地在唱机里放着。

即便如此，三毛也没有被勒令退学，相反地，她得到了从前没有的待遇。若她吃早饭时下楼晚了，会有同学帮她留饭，洗头后有同学主动帮她卷头发，下雨时有同学喊她到伞下避雨……她的生活，从此发生了天差地别的变化，甚至因为打架的事，院长还邀请她到自己的小客厅去谈心。

有一天深夜，我还在图书室看书，她悄悄地上来了，对我说："三毛，等你书看好了，可以来我房间里一下吗？"

我合起书下楼了。

院长的美丽小客厅，一向是禁地，但是那个晚上，她不但为我开放，桌上还放了点心和一瓶酒，两个杯子。我坐下来，她替我倒了酒。

"三毛，你的行为，本来是应该开除的，但是我不想弄得那么严重，今天跟你细谈，也是想就此和平了。"

"卖避孕药的不是我。"

"打人的总是你吧！"

"是你先冤枉我的。"

"我知道冤枉了你，你可以解释，犯不着那么大发脾气。"我注视着她，拿起酒来喝了一口，不回答她。

"和平了？"

"和平了。"我点点头。

她上来很和蔼地亲吻我的面颊，又塞给我很多块糖，才叫我去睡。

这是三毛初到西班牙半年时发生的事，对她来说，这是自己"国民外交"的第一回合，在这个回合里她胜利了，自此，三毛在书院宿舍里开始了愉快的求学时光。

03 · 西班牙的花蝴蝶

　　离开台湾后，三毛与家庭唯一的联络方式便是写信，她不提想家，却用"下笔千言，倚马可待"的速度写信，甚至达到了每日一封的频率，向来不善与人交流的她，将那些无法明言的思念写成琐事，一件一件与家人分享。

　　三毛在西班牙做了三个月的哑巴、聋子，半年中的来信，不说辛酸。她拼命学语文了……半年之后，三毛进入了马德里大学，来信中追问初恋男友的消息——可见他们通信不勤……三毛的家书有时每日一封，什么男朋友啦、新衣服啦、跟人去打架啦、甚至吃了一块肉都来信报告……她会问："你们怎么样？怎么样？怎么吃、穿、住、爱、乐，最好写来听听以解乡愁。"我们回信都说："我们平安，勿念。"她就抓住这种千篇一律的回信，说我们冷淡她……她要家人什么事都放下，天天写信给她。至于金钱，她倒是从来不要求。

　　在父亲的记忆中，初到西班牙的三毛写信很频繁，说的也都是生活琐事，一年之后，来信的内容变的不一样了。

出国前，我的个性很不开放……那时候常想死，想自杀，但是到了西班牙，看见别人的生活方式，才知道这样也是健康的，并不肤浅……那一阵情歌队夜间老是到宿舍窗口下来唱歌，其中必有一支唱给那个名叫Echo的中国女孩，我自是被宠昏了头，浸在阳台的月色里沉醉。回忆起来我的浪漫和堕落便是如此开的头，少年清明的理想逐渐淡去，在迷迷糊糊的幸福里我成了一颗大千世界的浮尘。

身处马德里的三毛，就像一只"无所谓的花蝴蝶"那般自在快乐。寄回台湾的家信中，三毛很少提到学业，只说自己在研读中世纪神学家的著作，后来又去读了现代诗、艺术史、人文地理、西班牙文学等。但在信里，她同样也坐在咖啡馆喝咖啡、去跳舞、听歌剧，在假期搭着便车去旅行，甚至还学会了吸烟。

在西班牙，只喝水的人几乎没有，每天下课回书院宿舍吃午饭时，桌上都有不限量的葡萄酒，这种柔和健康的红葡萄酒和白葡萄酒，就连神父、修女甚至是儿童也会喝。在这样的环境里，三毛也学会了喝酒，而且还拥有了一只西班牙酒袋。

三毛曾在宿舍的电视上见过圣·费明节，也就是奔牛节的盛况，那是西班牙非常著名的节日，每年七月七日在东北部古城潘普洛纳举行。在奔牛追逐、人潮涌动的画面里，三毛看到在人群中传递的黑漆漆的老酒袋，那是土特产店里没有的东西，喝的时候只要将袋口对着嘴巴双手一挤，酒便会注入口中，方便又卫生。

深爱西班牙民族的那份疯狂和亲热，人与人的关系，只看那一只只你也喝、我也喝的酒袋，就是最好的说明。

三毛极其喜欢那样的酒袋，于是在一个月底，她拿着姐姐寄来的十美金"意外之财"，忍着智齿长斜的疼痛，也没舍得买新衣服，而是乘火车到古城赛哥维亚一日游。在古城的老广场上，她终于买到了酒袋，吃完东西后，三毛身上的钱已经全部花完，只能在傍晚时搭大卡车回马德里去。

虽然在西班牙的生活很快乐，但三毛并没有中断写作，《安东尼，我的安东尼》和《一个星期一的早晨》都是到马德里后的那一年发表的，学业方面也并没有因为游玩而疏忽。

在马德里大学就读期间，三毛印象最深的便是艺术课。课程前半年的内容以建筑为主，到了后半年，三毛和其他同学便拿着学生证到马德里的普拉多美术馆去听课。

普拉多美术馆是世界上藏画最多的专业性博物馆，被三毛称作"最快乐的教室"。为了下午三点的艺术课，她总是草草地吃过午饭，将最后的甜点让给同学代吃，自己趁舍监不留意提前跑出宿舍，赶往美术馆。

她总是提前来到美术馆，先在外面的草坡上躺一会儿，吃个冰淇淋，与晒太阳的人随便聊聊，或是干脆坐着发呆，等到快上课时才拿着学生证从入口进馆。

一堂堂的艺术课，就在逐张分析哥雅、格列柯和委拉斯凯兹等人的名画中度过，到后来，三毛甚至会逃掉文哲课，逃掉管理不严的午饭，拿着乘车和听音乐会都可半价的学生证到美术馆去，不管有没有艺术课，都赖着免费进馆。

也是在这里，三毛结识了看守哥雅黑色时期展列室的管理员，他一生的大部分时光都伴随着馆里的画作度过，三毛也因此给他取名为"白发苍苍的哥雅守卫者"。

那年情人节，常借笔记给三毛的一名日本同学半开玩笑地送给她一份心形盒子的糖果，对她说："代转给你的情人。课不上，天天乱跑，恋爱一样的……"

三毛舍不得吃这些糖，又突发奇想要把糖送给美术馆的那名管理员。于是在那个情人节，三毛约了日本同学一起去美术馆，还软磨硬泡地要那名日本同学找来馆内免费出借的轮椅。

于是，我突然坐在一辆轮椅上，下半身用脱下来的大衣盖住，叫同学一间一间陈列室慢慢地推……等我们绕了一圈，绕到那位半打瞌睡的看守人正对面时，才停了车，也不喊他，就等他来发现我。

当他发现我居然坐在轮椅上由一个东方人推着时，悄悄举起手臂，一副不能相信的表情，张口结舌的样子像极了哥雅画中那一张张无声呐喊的人脸——美术馆内，工作人员是不能叫的。

等这位老实的好朋友惊讶够了，三毛才笑嘻嘻地拉开大衣，站起来捧着糖果走过去，递出盒子，道一声"情人节快乐"！

就这样，那年的情人节在恶作剧的欢乐中度过了，但这座美术馆一直是三毛最爱的教室，她的喜爱源于自己对艺术的敏感，她那无人能说的寂寞亦是如此。

在马德里大学文哲学院通过毕业考试后，三毛进行了一次真正的艺术之旅。与读书时的短途旅行不同，这一次她的活动范围变得更广，她到巴黎，到慕尼黑，到罗马和阿姆斯特丹……

一九六九年的夏天，因为马德里大学文哲学院的课程都考及格了……学校通过了，同时也在西班牙各省各地玩了个足够，放假了，直然想往法国跑。

有一个同班同学，是德国人，政治味很浓的那种人，他要开车经过法国回西德去，要找人搭车共分汽油钱。我自然抢先去搭车子，可是讲好一个条件：可得一路玩过去哦！不能穿过法国便算了，巴黎得留上十天才答应同去。

旅行是没有预算的，父亲听说我要跑法国，就来信说："读书吃饭钱父亲可以供给，旅行自己想办法，不能支持。"

这个办法很简单，宿舍退掉，每天吃白水面包，住小旅馆，在巴黎用脚走路的——连地下车也不坐。

就这样，三毛跟着同学开始了旅程。路过法国南部时，因为同学不肯绕路去看梵高住过的小镇，三毛很不高兴。他们在当天晚上到达巴黎，车子先开到巴黎铁塔下，但因为离得太近，只能看到下部的架子，接着他们找了家小旅馆住宿，第二天便开始了在巴黎的游览。

那时我的年纪小，不会管钱，钱都交给了那位德国同学。反正两个人差不多穷，花费有限，由他支付一切费用，每天晚上结一次账就好了。

正因为钱在别人身上，三毛不能自由行动。在巴黎的第八天，两人为了去卢浮宫还是去看政治纪念碑争吵起来，不欢而散。三毛又累又饿，在塞纳河边的树下半躺半靠地坐到下午三点多，她的朋友才回来，等到了卢浮宫，却发现那天是星期一，博物馆休息。

第二天，也是他们在巴黎的最后一天，三毛决定自由活动。在那个夏初的星期二中午，她光着脚一路走到卢浮宫，却发现那里的分区太多，一天根本看不完，只好忍痛选择了画、雕塑和木乃伊几个必须看的展区。

早在十三岁时，三毛便知道了达·芬奇，当时，家中的月份牌上刚好印着《蒙娜丽莎》的画像，就挂在钢琴的正上方。在卢浮宫里，三毛跟着人龙一样的队伍，一步一步地走向《蒙娜丽莎》的画像。

　　我尽可能地不去听身边的喧哗，一步一近，就那么将她由队伍的尽处一直看到站在她面前。在她的面前，没有人敢说一句分心的话……那份静、美、深、灵，是整个宇宙磁场的中心……后来，我被人轻推着走。走了，又去排队，去了，再去排队……初去卢浮宫，那一个下午，就站在《蒙娜丽莎》的画下度过了。

　　在西班牙的生活，大大丰富了三毛的艺术生活，也造就了三毛后期坚强乐观的模样。囿于台湾时的灰暗与心伤，在欧洲灿烂的阳光、丰富的艺术品以及浪漫的人情风物中慢慢淡化，她终于从一枚台湾时代的丝茧，熬过痛苦与孤独，蜕变为一只彩蝶，飞舞在异国的天空中。

04 · 马德里之恋

西班牙对于三毛的意义，不止是开拓视野、治愈心伤，在这里，她被热情浪漫的气氛滋养，被男生们组成的情歌队"宠爱"。这些都让她的性格日渐温和，正是在这样的环境里，三毛遇到了自己一生的恋人。

到了西班牙，第一个向我求婚的人叫荷西，那年他高中毕业，我大三。

他的西班牙名字是 Jose，荷西则是三毛取的中文名字，原本想叫他和曦，寓意为祥和的晨曦，但因为"曦"字实在难写，便改成了"荷西"。

认识荷西，是在三毛初到西班牙的那个圣诞节，那一年，荷西还不到十八岁。

西班牙的圣诞风俗与中国春节很相似，要在节日十二点刚过时，向邻居恭贺"平安"。那年，三毛正在徐伯伯家做客，刚好看到荷西从楼上跑下来问好。

我第一眼看见他时，触电了一般，心想，世界上怎么会有这么英俊的男孩子？如果有一天可以作为他的妻子，在虚荣心上，也该是一种满足了，那是我对他的第一次印象。

因为三毛时常去徐伯伯家里玩，她与荷西时常在公寓后面的大院子里打棒球，遇到雪天也会打雪仗。三毛一向很喜欢逛马德里的旧货市场，荷西便陪着她一起逛，两个人虽都没什么钱，兴致却很高，常常能从早上九点逛到下午四点，最后只买一支鸟羽毛。

渐渐地，不知从什么时候开始，这个才读到高三的大男孩，对三毛产生了别样的情愫。

有一天我在书院宿舍里读书，我的西班牙朋友跑来告诉我："Echo，楼下你的表弟来找你了。""表弟"在西班牙文里带有嘲弄的意思，她们不断地叫着"表弟来啰！表弟来啰！"我觉得很奇怪，我并没有表弟，哪来的表弟在西班牙呢？于是我跑到阳台上去看，看到荷西那个孩子，手臂里抱了几本书，手中捏着一顶他常戴的法国帽，紧张得好像要捏出水来。

因为他的年纪很小，不敢进会客室，所以站在书院外的一棵大树下等我。我看是他，匆匆忙忙地跑下去，到了他面前还有点生气，推了他一把说："你怎么来了？"他不说话，我紧接着问："你的课不是还没有上完吗？"他答道："最后两节不想上了。"我又问："你来做什么？"因为我总觉得自己比他大了很多，所以总是以一个姐姐的口气在教训他。他在口袋里掏出十四块西币来（相当于当时的七块台币），然后说："我有十四块钱，正好够买两个人的入场券，我们一起去看电影好吗？但是要走路去，因为已经没有车钱了。"我看了他一眼。我是一个很敏感的人，觉得这个小孩子有一点不对劲了，但是我还是答应了他，并且建议看附近电影院的电影，这样就不需要车钱。第二天他又逃课来了，第三天、第四天……于是树下那个手里总是捏着一顶法国帽而不戴上去的小男孩，变成了我们宿舍里的一个笑话，她们总是喊："表弟又来啰！"

那段时间，荷西总是出现在宿舍外。他们会在街上顶着冷风散步，或是到皇宫附近的垃圾场拾荒。慢慢地，三毛觉得他们不能再这样发展下去了，因为荷西越来越认真，而他还是个孩子。

有一天，荷西又来找三毛。那天天气很冷，两人便把街上的长凳搬到地铁出风口的旁边坐着，每当地铁经过，就会带出一阵暖风。他们坐在板凳上冻得像是乞丐，荷西却很认真地向三毛求婚了。

他坐在我的旁边很认真地跟我说："再等我六年，让我四年念大学，二年服兵役，六年以后我们就可以结婚了。我一生的想望就是有一个很小的公寓，里面有一个像你这样的太太，然后我去赚钱养活你，这是我一生最幸福的梦想。"他又说："在我自己的家里得不到家庭的温暖。"我听到他这个梦想的时候，突然有一股要流泪的冲动，我跟他说："荷西，你才十八岁，我比你大很多，希望你不要再做这个梦了，从今天起，不要再来找我，如果你又站在那个树下的话，我也不会再出来了，因为六年的时间实在太长了，我不知道我会去哪里，我也不会等你六年。你要听我的话，不可以来缠我，你来缠的话，我是会怕的。"他愣了一下，问："这阵子，我是不是做错了什么？"我说："你没有做错什么，我跟你讲这些话，是因为你实在太好了，我不愿意再跟你交往下去。"

　　他们离开地铁的出风口，走到马德里皇宫的一个公园，停在小坡上。在那里，三毛让荷西离开。

　　我跟他说："我站在这里看你走，这是最后一次看你，你永远不要再回来了。"他说："我站这里看你走好了。"我说："不！不！不！我站在这里看你走，而且你要听我的话哟，永远不可以再回来了。"那时候我很怕他再来缠我，我就说："你也不要来缠我，从现在开始，我要跟我班上的男同学出去，不能再跟你出去了。"这么一讲自己又紧张起来，因为我害怕伤害到那个初恋的年轻人，通常初恋的人感情总是脆弱的。他就说："好吧！我不会再来缠你，你也不要把我当作一个小孩子，因为我们这几个星期的交往，你始终把我当作一个孩子，你说'你不要再来缠我了'，我心里也想过，除非你自己愿意，我永远不会来缠你。"

那个时候天色已晚，荷西真的听话地慢慢地跑起来，他一边跑一边回头，笑着喊："Echo 再见！Echo 再见！"那一夜，马德里的天空飘起了雪花，荷西在积了雪的草坡上跑远，他还在挥着法国帽，不断地回头望着三毛。

没有承诺，没有约定，那些盟誓一样的诺言，在三毛看来太过遥远飘渺。三毛赶走了荷西，但从此以后，每当她翻开《红楼梦》，看到宝玉出家，总会想起奔跑在雪地上那个十八岁的荷西。

为了让荷西死心，三毛很快交了其他朋友。

其中有一个日本同学，同班的，家境好，还在读书呢，马德里最豪华的一家日本餐馆就给他开出来了。

这个日本同学对我好到接近乱宠。我知道作为一个正正派派的女孩子不能收人贵重的礼物，就只敢收巧克力糖和鲜花——他就每天鲜花攻势。宿舍里的花都是日本人送来的，大家都很高兴，直到他向我求婚。

当我发现收了糖果和鲜花也有这种后果的时候，日本人买了一辆新车要当订婚礼物送给我。当时宿舍里包括修女舍监都对我说："嫁、嫁。这么爱你的人不嫁，难道让他跑了吗？"

我当然没有收人家的汽车，两个人跑到郊外树林里去谈判，我很紧张——毕竟收了人家的小礼物，也常常一同出去玩，心虚得紧，居然向着这个日本人流下泪来。我一哭，那个好心的人也流泪了，一直说："不嫁没关系，我可以等，是我太急了，吓到了你，对不起。"

那时候我们之间是说日文的，以前我会一点点日文。半年交往下来，日文就更好些，因为这个朋友懂得耐性地教，他绝对没有一点大男人主义的行为，是个懂得爱的人，可是我没想过要结婚……他在恋我，我迷迷糊糊地受疼爱，也很快乐，可是也不明白怎么一下子就要结婚了。

为了叫这个日本人死了心，我收了一把德国同学的花。我跟德国同学在大街上走，碰到了荷西。我把两人介绍了一下，荷西笑得有些苦涩，但还是很大方地跟对方握握手，将我拉近，亲吻了我的面颊，笑道再见。

这个德国男友，便是约根，这件事让那个日本同学伤心了很久，几乎想要自杀，但三毛心里太过歉疚，虽然两人同在马德里，也不肯再去见他，只能躲在窗帘后看着站在树下的日本同学，偷偷在心里用日文说着"对不起"。

三毛的马德里之恋，始于荷西，止于约根。转眼两年时间过去，1969 年，三毛完成了自己在马德里大学哲学系的学业，她没有回台湾，而是跟约根一起来到了德国柏林。到达德国一段时间后，约根进入了外交部工作，而三毛凭借马德里大学的结业证书，申请进入西柏林自由大学哲学系就读，她在德国苦行僧一般的生活也悄悄地拉开了序幕。

第六章 跨越大洋的归程

01 自食其力方知苦

一九六九年我住在西柏林，住的是"自由大学"学生宿舍村里面的一个独立房间。所谓学生村，是由十数幢三层的小楼房，错落地建筑在一个近湖的小树林中。

我是以马德里大学文哲学院的结业证书申请进入西柏林自由大学哲学系就读的。在与学校当局面谈之后，一切都似可通过了，只有语文一项的条件是零。学校要求我快速地去进"歌德语文学院"，如果在一年内能够层层考上去，拿到高级德文班毕业证明书，便可进入自由大学开始念哲学。而宿舍，是先分配给我了。

"歌德学院"在德国境外的世界各地都有分校，那种性质，大半以文化交流为主，当然也可以学习德文。在德国境内的"歌德"，不但学费极为昂贵，同时教学也采取密集快速的方法。每日上课五六个小时之外，回家的功课与背诵，在别的同学要花多少时间并不晓得，起码我个人大约得钉在书桌前十小时。一天上课加夜读的时间大约在十六、七个钟点以上。当然，是极为用功的那种。别的同学念语文的目的不及我来的沉重，而我是依靠父亲伏案工作来读书的孩子。在这种压力之下，心里急着一个交代，而且内心也是好强的人，不肯在班上拿第二。每一堂课和作业一定要得满分，才能叫自己的歉疚感少一些。

在初级班学习三个月之后，歌德学院的老师找三毛去录音考试，那次考试，三毛在学校留下了一份非常光荣的纪录。三个月前，在她刚刚进入歌德学院时，她连"早安"都不会说，如今却能讲一口熟练的德语，无论是语调、文法还是发音都非常精准。

三毛的老师非常高兴，在她的成绩结业单上写下了"最优生"的评价。拿到成绩单，三毛冒着大雪，跑到邮局，用挂号信将成绩单寄回家去。

我快乐得流下了眼泪，就是想大哭的那种说不出来的成就感。当然这里又包含了自己几乎没有一点欢乐，没有一点点物质享受，也没有一点时间去过一个年轻女孩该过的日子，而感到的无可奈何与辛酸。

初到德国的那三个月，三毛除了用饼干度日，就是用黑面包泡着汤一起吃。因为换了留学的国家，花销也跟着有了变化，父亲将之前每月一百美金的生活费涨到一百五十美金，但三毛的生活依旧过的"东倒西歪"，甚至吃新鲜牛排也是一件值得高兴、值得向家里写信汇报的事。

我的课业重到好似天天被人用鞭子在背后追着打似的紧张，这使我非常不快乐。时间永远不够用，睡觉吃饭乘车都觉得一个个生字在我后面咻咻地追赶。

因为课业繁重，三毛对生活上的拮据并不在意，也没有意识到，自己的信让远在故乡的母亲看了无比心酸，直到收到母亲寄来的航空包裹，发现里面装满牛肉干时，三毛才惊觉，在远远的信封的另一端读信的母亲对她是多么挂念。

这些只是三毛不自觉地说出的苦，早熟如她，远行万里，自然懂得报喜不报忧，有些艰难，是她在家信里绝口不提的坚持，比如，她那坏掉的鞋子。

鞋底脱了不算，还有一个大洞。上学时，为了踏雪，总是在两双毛袜的里面包住塑胶袋，出门去等公交车时，再在鞋子外面包上另一个袋子。怕滑，又用橡皮筋在鞋底鞋面绑紧。等到进了城内，在学校转弯处，快碰到同学时，弯腰把外层的塑胶袋取下来。为了好面子，那脱了底的鞋总当心的用一条同色的咖啡色橡皮筋扎着，走起路来，别人看不出，可是那个洞，多少总会渗进去雪水。进了教室立即找暖气管的位置坐下来，去烤脚，虽然如此，仍是长了冻疮。

同学们笑我为了爱美，零下十九度都不肯穿靴子。哪知我的脚尺寸太小，在柏林买不到现成的靴子，去问定做的价格，也不是一个学生所花费得起的。自然，绝对不向父母去讨这种费用，家信中也不会讲的。

当时三毛就读的学校在商业街区的转角处，在三公里长的商业街上，排列着几家西柏林最大的百货公司。三毛从就喜欢逛百货公司，在西班牙时如此，到了德国依旧保持着这个习惯。她会在上学途中提前一站下车，快步走进商业街，一家一家百货公司地匆匆逛一圈再去上学。那些商品当然是买不起的，但即使是走马观花地看一看，对三毛来说也是一种乐趣。

有一天，三毛看到了报纸上的招聘广告，征求一名美丽的东方女孩为香水做广告，需要拍照宣传，还要到现场去推销香水。为了赚钱，三毛按照地址寄去了很多彩色照片，她被选中了，工资是一天四十美金，工期十天。

在当时，四百美金是一个不小的数目，为了不耽误学习，三毛还向老师询问了学校的课业——一天五小时的课，工作十天就意味着缺课五十个小时！

我向她力争夜间可以拼命自修，我非要去赚这一笔大钱。

学校一弄好，我便去跑了好几家租戏装的仓库，租到一件墨绿色缎子、大水袖、镶淡紫色大宽襟、身前绣了大朵淡金色菊花的"东方衣服"，穿上以后倒有几分神秘的气氛。第一日拍

了些照片，第二日叫我去上工，当知道我要会抛头露面的地方
竟是西柏林最大的"西方百货公司"时，我望着身上那件戏袍
哭笑不得。我一定要去！四百美金是两个半月的生活费，父亲
可以不再为我伏案这么久，光是这件事就一定不能退下来。

因为是活动期间的推销员，三毛原以为自己的工作只是站
在香水柜台前，向经过的顾客微笑，并介绍和试喷一款新出的、
象征着东方神秘气息的香水，但踏入百货公司的第一天，她就
被部门负责人安排了"重任"。

部门负责人要求三毛在一天的时间里记住百货公司所有货
品的名称和所在的柜台，不止香水柜台那一层，而是整个百货
公司的每一层，当时临近圣诞，货品众多，拿着一本货单，三
毛急得几乎要哭出来了。

我说我只是来喷香水的，她说你在这儿就是公司的一份子，
顾客问到你，你要什么都答得出来，天晓得当时我不过才学了
不到三个月的德文，尤其是工具方面的东西那是不可能在一天
之内记得住的……那么多穿着皮裘的高贵妇人来买昂贵的香水，
我却为着一笔在她们看来微不足道的金钱在这儿做一场并不合
我心意的好戏。那缺着的五十堂课像一块巨石般重重地压在我
的胸口，白天站的腿已不是自己的了，夜间回去还得一面啃着
黑面包一面读书至深夜，下工的时候哪怕骨头累得都快散了，

那几块马克的计程车费总也舍不得掏出来，再渴再冷，公车的站牌下总是靠着捧着一本书的我。

等到十天的时间过去，最爱的百货公司已经成为三毛"恨透了"的存在，那张付薪支票拿在手里，仿佛一笔沉甸甸的巨款，让三毛连丝袜都舍不得买。

赚钱的不易多少是懂得了一些，内心对父母的感激和歉疚却是更深更痛。那一阵我渴望快快念完学校出来做事，父亲夜深伏案的影像又清清楚楚地浮现出来——不能再拖累他了！

那次百货公司的工作，并不是我有生以来第一次赚钱，却是有生以来第一次那么珍惜地花钱。经过德国生活的磨炼之后，我的本性被改掉了许多……父亲还说德国人有本事，他亲生的女儿在家里，想修改她一丝一毫都不可能，德国人在几个月之内就将她改成了另一副形象。

也正是这样的经历，让三毛这只在西班牙欢快破茧的花蝴蝶慢慢地沉淀下来，她不再恣意漫舞，面对生活的艰辛和不易，她扇动日渐有力的翅膀，开始寻找自己飞翔的方向。

02 · 琐碎的苦难

德国的学习生活不如在西班牙时自在，除了学业繁重，三毛还要应对各种生活上的琐事。

三毛刚到德国时，宿舍是男女混住的，一人一间，和一般的旅馆很相似，倒也不会相互干扰。三毛对这种宿舍很满意，因为这样的宿舍既没有舍监，更没有同住的室友，生活上变的自由，精神和意识上也会更加放松，在她看来，一人一间的宿舍更适合自学。

我分到的房间，恰好在长走廊的最后第二间。起初我搬进去住时，那最后一间是空的，没几日，隔壁搬来了一个金发的冰岛女子。

冰岛来的人，果然是冰冷的。这个女人，进厨房来做饭时，她只对男同学讲话，对我，从第一天就讨厌了，把我上上下下地打量一番。那时候流行穿迷你裙，我深色丝袜上，就穿短短一条小裙子；我对她微笑，她瞪了我一眼就走出去了。

"歌德书院"的德文课程安排得非常紧，三毛也很用功。开始时,隔壁的冰岛芳邻常常不在宿舍,晚上也总要到深夜才回来。三毛的夜读总能在很安静的气氛中进行,但两三个月之后,邻居结交了很多男朋友,还把他们带回宿舍,准备一大堆啤酒和食物,整夜地狂欢。

一个快乐的邻居,应该可以感染我的情绪。她可以说经常在房内喝酒,放着高声的吵闹嘶叫的音乐,再夹着男男女女兴奋的尖叫,追逐,那高涨的节日气氛的确是重重地感染了隔着一道薄薄墙壁的我,我被她烦得神经衰弱,念书一个字也念不进去。

我忍耐了她快两三星期,本以为发高烧的人总也有退烧的一天。但是这个人的烧,不但不退,反而变本加厉,来往的男朋友也很杂,都不像是宿舍的男同学。

她要怎么度过她的青春,原来跟我是毫无关系的,但是,我要如何度过我的考试,却跟她有密切的关联。

第四个星期,安静了两天的芳邻,又热闹起来了。第一个步骤一定是震耳欲聋的音乐开始放起来,然后大声谈笑,然后男女在我们共通的阳台上裸奔追戏,然后尖叫丢空瓶子,拍掌跳舞……

又是一个晚上,三毛刚打开笔记,隔壁的聚会又开始了。当时刚刚十点半,还不能提出"扰民"的抗议,三毛只能坐在那里,忍着吵闹声，一直等到夜里十二点半，隔壁的声音丝毫没有减弱的意思，于是她起身离开房间，去敲邻居的房门。

我用力敲了三下，她不开；我再敲再敲，她高兴地在里面叫——"是谁？进来。"

我开了门，看见这个小小的房间里，居然挤了三男两女，都是裸体的。我找出芳邻来，对她说："请你小声一点，已经十二点半了。"

她气得冲了过去，把我用力向外一推，就把门嘭一下关上，里面咔哒上了锁。

大概是要报复三毛打断了他们的狂欢会，那天冰岛的芳邻比平时闹得还要久，一直到天亮才结束，三毛只睡了两三个小时便起床了。不过三毛并没有去教室，而是旷了两节课，到学生宿舍管理处去了。

管理处设有一名学生顾问，是个中年律师，他只在早晨的两小时内受理问题。三毛向他反映自己受到邻居的打扰，那名顾问并不急着了解详细情况，而是提出管理处没有接到其他人的抗议。

"这很简单，我们的房间在最后两间，中间隔着六个浴室和厨房，再过去才是其他学生的房间，我们楼下是空着的大交谊室，她这样吵，可能只会有我一个人真正听得清楚。"

"她做的事都是不合规定的，但是我们不能因为你一个人的抗议就请她搬走，并且我也不能轻信你的话。"

"这就是你的答复吗？"我狠狠地盯着这个没有正义感的人。

"到目前为止是如此！再见，日安！"

过了一个星期，我又去闯学生顾问的门。

"请你听一卷录音带。"我坐下来就放录音。

他听了，马上就叫秘书小姐进来，口授了一份文件。"你肯签字吗？"

我看了一下文件，有许多看不懂的字，又一个一个问明白，才签下了我的名字。

"我们开会提出来讨论，结果会公告。"

"您想，她会搬出去？"

"我想这个学生是要走路了。"他叹了口气说。"台湾的学生，很少有像你这样的。他们一般都很温和，总是成绩好，安静，小心翼翼……"

很显然，三毛并不是一般的留学生，初到西班牙时，她的确因为不了解情况而处处退让、委曲求全，但彼时的她早已了解了西方人的行事风格，遇事忍让又向来不是她的习惯，在她的两次抗议之下，经过约谈和录音存档，一个星期后，那位芳邻静悄悄地搬走了。

这件事解决得非常顺利，但三毛原本合理的坚持却让她在中国留学生中出了名，就连到学生食堂吃饭也会被自己的同胞认出。

当时三毛正在宿舍附近的学生食堂排队，排了一会儿，她好像听到有人在用中文说话，留学生活中最令人惊喜的便是听到乡音，哪怕不是一样的方言和口音，只要是中国话，就足以拉近人与人之间的距离，于是三毛很自然地看过去，发现有两个女同胞也排在队伍里，和她隔着几个人。

因为是同胞，三毛很友善地向她们微笑了一下，结果两人的反应和对她的评价却让三毛顿时义愤填膺。

"哪里来的？"一个马上紧张地问。

"西班牙来的。"另外一个神秘兮兮地在回答。

"你看她那条裙子，啧，啧……"

"人家可风头健得很哪！来了没几天，话还不太会说，就跟隔房的同学吵架。奇怪，也不想想自己是中国人——"

"你怎么知道她的事情？"

"学生会讲的啊！大家商量了好久，是不是要劝劝她不要那么没有教养。我们中国人美好的传统，给她去学生顾问那一告，真丢脸透了！你想想，小事情，去告什么劲嘛——她还跟德国同学出去，第一次就被人看见了……"

　　我听见背后自己同胞对我的中伤，气得把书都快扭烂了，但是我不回身去骂她们，我忍着胃痛搬了一盘菜，坐得老远的，一个人去吃。

　　三毛突然意识到自己依旧是孤独的，哪怕是身在异乡，只要遇见同胞，似乎就会马上变为他们中间的异类。在德国留学期间，三毛没有太多的朋友，而她的男朋友约根也明显不是一个适合倾诉的对象。

　　在德国，我的朋友自律很严，连睡眠时枕下都放着小录音机，播放白日念过的书籍……他不肯将任何一分钟分给爱情的花前月下，我们见面，也是一同念书。有时我已经将一日的功课完全弄通会背，而且每一个音节和语调都正确，朋友就拿经济政治类的报纸栏来叫我看。总而言之，约会也是念书，不许讲一句闲话，更不可以笑的。

　　约会也不是每天都可以的，虽然同住一个学生村，要等朋友将他的台灯移到窗口，便是信号——你可以过来一同读书。而他的台灯是夹在书桌上的那种，根本很少移到窗口打讯号。在那种张望又张望的夜里，埋头苦读，窗外总是大雪纷飞，连一点声音都听不见……那种心情，除了凄苦孤单之外，还加上了学业无继，经济拮据的压力。

　　生活永远不会因为你的苦难而停止脚步，转眼圣诞在即，学校通知二十二日开始放假。三毛不愿独自留在宿舍里过节，便和同宿舍的法国男生米夏埃约好，在二十三日下午出发，合出油钱开车出去玩，到西德汉诺瓦分手，米夏埃一路玩到法国去，三毛则自己开车到西德南部，去她口中的玛利亚妈妈家里过节。

那个家被三毛称为曾经的娘家。上学时，即使人在西班牙，她也会在每年圣诞到玛利亚妈妈那里住一段时间，家里的孩子有两男两女，都是三毛的朋友，每到过节时，看着温暖的炉火和一张张笑脸，回家的感觉便会油然而生。

当时，返回东德需要越过柏林墙，过节时关卡处总排着长队。因为三毛是中国护照，很可能不准通过，经济拮据的她又舍不得搭乘飞机。为了避免过关时出现麻烦牵连自己，米夏埃要三毛先去一趟东柏林的东德外交部，办理过境签证，如果外交部不给签证，就干脆不要一起旅行了。

米夏埃不常见到我，总在门上留条子，说如果再不去办，就不肯一同开车去了。我看了条子也是想哭，心里急得不得了，可是课业那么重，哪有时间去东柏林。课缺一堂都不成的，如果缺了一天，要急死的，实在没有时间，连睡觉都没有时间，如何去办手续？

那时的三毛刚刚从初级班结业，升入德语中级班，她既不能耽误课业，也不想独自过圣诞节，一时陷入两难中。

03‧ 柏林墙下倾城恋

很清楚地记得，那是十二月二日，一九六九年的冬天。

那个冬天，三毛通过了歌德学院初级班的学业，同期的十五个学生里，考过了的人只有廖寥四个，其余的都不能继续升班，老师见三毛一直很辛苦，便问她要不要先休息三个月，把生吞活剥的语言好好消化，也恢复一下体力。

三毛自然是不敢休息的，因为就算不读书，日常的吃住也需要花销，她负担不起，也做不到拿着父亲的血汗钱过那么逍遥的日子，她毫不犹豫地进入了中级班。

"听写"就难了，不是书上的，不能预习，在一次一千多字有关社论的报纸文字听写考试中，一口气给拼错四十四个字。成绩发下来，年轻的我，好比世界末日一般，放学便很悲伤，一奔到男朋友的宿舍，进门摔下考卷便大哭起来。那一阵，压力太大了。

我的朋友一看成绩，发现不该错的小地方都拼错了，便责备了我一顿。他也是求好心切，说到成绩，居然加了一句——

将来你是要做外交官太太的，你这样的德文，够派什么用场？
连字都不会写。

听了这句话，我抱起书本，掉头就走出了那个房间。心里
冷笑地想——你走你的阳关道，我过我的独木桥，没有人要嫁
给你呀！回到自己空虚的房间，长裤被雪湿到膝，赶快脱下来
放在暖气管上去烤。想到要写家信，提起笔来，写的当然是那
场考坏了的听写，说对不起父母，写到自己对于前途的茫茫然
和不知，我停下了笔将头埋在双臂里，不知再写什么，窗外冬
日的枯树上，每夜都停着一只猫头鹰，我一打开窗帘，它就怪嗥。

就是那一天，十二月二日，三毛写完家信，学完功课，开
始整理第二天需要绑鞋底的橡皮筋。突然间，那份悲伤和灰心
袭来，压垮了她心里的最后一道防线。三毛趴到床沿，放声痛哭，
仿佛想将心里所有的苦和闷，所有的压力与孤寂，全用眼泪哭
出去。

第二天醒来，三毛发现已经是上午十点，她抓起书本跑向
车站，因为来不及绑鞋子，跑起来鞋子一开一合的，又因为左
腿的坐骨神经痛，整个人一瘸一拐的。

这个时间就算赶到学校，第一堂课也已经结束了，三毛突
然感到很绝望，她停在车站上，看着一趟趟车子经过，却没有
上车，天依旧冷，鞋底下灌着风，她索性决定不去上学了。她

将自己的书埋在路边的树丛里，带着护照和口袋里的二十美金，乘坐地下火车，来到了东西柏林交界的关卡处——那道著名的围墙边。

柏林本来是一个大城，英美法苏在二次大战后瓜分了它。属于苏俄的那一半，是被封了，一个城变为天涯海角，不过一墙相隔便是双城了。

我下车的那个车站，在一九六九年是一个关卡，如果提出申请，限定当日来回，是可以过去的。而东柏林的居民却不可以过来。

那个车站是在东柏林，接受申请表格的就是东德的文职军人了。

申请首先要填表，之后排队，护照和表格一起被人收去，申请人坐在一旁等着点名，再一个个走进小房间里接受询问。三毛等了很久，她坐久了会疼，出去乱走又怕听不到叫自己的名字，只能站起来不断地活动。

有一个办公室是玻璃大窗的，无论我如何在一拐一拐地绕圈子，总觉得有一双眼睛，由窗内的办公桌上直射出来，背上有如芒刺般地被盯着。

有人在专注地看我，而我不敢看回去。

下午一点，三毛走进了那个小房间，里面没有窗户，一名穿着整齐却纹丝不笑的军官拒绝了三毛的申请，因为她拿的是台湾护照。他又提醒三毛，可以在西柏林参加旅行团，由导游带着，费用是十五美金，但三毛舍不得那些钱，更何况她不是去参观，而是要去外交部。于是她拒绝了，从小房间里走出来，三毛一时不知道该去哪儿。

决定逃学，决定死也可以，那么不给过去东柏林也不是什么大事，不去也就不去好了。时间，突然出现了一大段空档，回宿舍，不甘愿，去逛街，只看不买不如不去，于是哪儿也没有去，就在那个车站里晃来晃去看人的脸。

那面大玻璃窗里仍然有一种好比是放射光线一样的感应，由一个人的眼里不断的放射在我身上，好一会儿了，他还在看我。

等我绕到投币拍快照片的小亭子边时，那种感应更强了。一回身，发觉背后站着一位就如电影《雷恩的女儿》里那么英俊迫人的一位青年军官——当然是东德的。

"哦！你来了，终于。"我说。他的脸，一下子浮上了一丝很复杂的表情，但是温柔。"晃来晃去，为什么不回西柏林去。"我指了一下那个密封的审人室，说："他们不给我进东柏林。"我们又说了一些话，说的是想先进去拿过境签证的事。一直看他肩上的星，感觉这个军官的职位和知识都比里面那个审人的要高，而且他不但俊美，也有一副感人而燃烧的眼睛，这个人哪里见过的？

在这名军官的帮助下，三毛得到了一张白色的临时证，上面标注了身高、眼色、发色、特征等。临时证需要拍快照，三毛身上没有零钱，便由那军官代付。

一下子拍出来三张，公事用了两张，另外一张眼看他放入贴心内袋，我没说一个字，心里受到了小小的震动，将眼光垂了下来。

排队的人很长，一个一个放，慢慢的。那位帮我的军官不避嫌地站在我的身边，一步一步的移。我们没有再说话，时光很慢，却舍不得那个队伍快快地动。好似两个人都是同样的心情，可是我们不再说话了……一瞬间，已站在东柏林这一边了。凄凉的街上，残雪仍在，路上的人，就如换了一个时光，衣着和步伐跟西柏林全不一样了。

"好，我走了。"我说。那个军官很深地看了我一眼，慢慢说了一句英文，他说："你真美！"听了这句话，突然有些伤感，笑着向他点点头，伸出手来，说："五点钟，我就回来。可以再见的。"他说："不，你进入东柏林是由这里进，出来时是由城的另外一边关口出去。问问路人，他们会告诉你的。外交部不远，可以走去。我们是在这一边上班的人，你五点回来时，不在我这里了。"

"那，那么我也走了。"我说。

我们没有再握手，只互看了一眼，我微微地笑着。他，很深的眼睛，不知为什么那么深，叫人一下子有落水的无力和悲伤。

三毛一路问着走到了外交部的签证柜台，能不能通过，她已经全然不再去想，整个人都在回忆着那双眼睛。

孤零零的心，只留在那个离别时叫人落水的眼睛里……是东德，在东柏林的外交部，是一种梦境，很朦胧的倦和说不出的轻愁……那双眼睛，今朝才见便离了的眼睛，他说我真美丽，他用英文说，说成了他和我的秘密，还有终生的暗号。

也许是因为情绪不稳，又或是因为逃课而产生了绝望感，当办签证的中年胖子喊同事来看"蒋介石那边的签证"时，三毛大声说自己是蒋介石的女儿。对方自然是半信半疑的，但最终还是将东德的签证给了她。

回来时，她看到了越南战争的照片展，在饭店用美金付账吃的鱼排，还看到零星的行人中有女人穿着她羡慕的靴子。快四点时，天色暗淡，在稀疏的灯光下，又累又渴的三毛回到了关卡。

从东柏林向西的关口非常严，检查的人盘问三毛临时通行证是哪里来的，为什么护照是台湾的，为什么换的东德马克没有花却花掉了美金，在哪里花掉的……最后，三毛气急败坏地让审问的人打电话去问放她进入东德的关卡，接着又不知过了多久，她被带到了关卡门口。

门口站着来接的，是中午那个以为已经死别了的人。他在抽烟，看见我出来，烟一丢，跨了一步，才停。

"来！我带你，这边上车，坐到第五站，进入地下，再出来，你就回西柏林了。"他拉住我的手臂，轻轻扶住我，而我只是不停地抖，眼前经过的军人，都向我们敬礼——是在向他，我分不清他肩上的星。

在车站了，不知什么时刻，我没有表，也不问他，站上没有挂钟，也许有，我看不见……看不见一辆又一辆飞驰而过的车厢，我只看见那口井，那口深井的里面，闪烁的是天空所没有见过的一种恒星。

天很冷，很深的黑。不再下雪了，那更冷。我有大衣，他没有，是呢绒草绿军装。我在拼命发抖，他也在抖，车站是空的了，风吹来，吹成一种调子，夹着一去不返的车声。

没有上车，他也不肯离去。就这么对着、僵着、抖着，站到看不清他的脸，除了那双眼睛。风吹过来，反面吹过来，吹翻了我的长发，他伸手轻拂了一下，将盖住的眼光再度与他交缠……"最后一班，你上！"他说。我张口要说，要说什么并不知道，我被他推了一把，我哽咽着还想说，他又推我。这才狂叫了起来——"你跟我走——""不可能，我有父母，快上！""我留一天留一天！请你请你，我要留一天。"我伸手拉住他的袖子……

怎么上的车不记得了。风很大，也急，我吊在车子踩脚板外急速地被带离。那双眼睛里面，是一种不能解不能说不知前生是什么关系的一个谜和痛。直到火车转了弯，那份疼和空，仍像一把弯刀，一直割，一直割个不停。

回到宿舍，三毛开始高烧，烧起来时，头在痛，心在喊叫，呼唤着那个没有名字的人。她在医院住了半个月，男友很忙，同学课业也重，即使是一周一次的探视也没人来，只有护士捎来的电话口信，而那个东德军官，伴着柏林墙的矗立，成为三毛回忆中的咫尺天涯。

04 · 台湾人在美国

　　三毛的德国男友约根是在西班牙结识的，他务实，却缺乏情调，相处的时间里，两个人谁都没有提过求婚的事，忽然有一天，约根带三毛去逛百货公司。

　　他问我一床被单的颜色，我说好看，他买下了——双人的。买下了被单，两个人在冰天雪地的街上走，都没有说话，我突然想发脾气，也没发，就开始死不讲话，他问什么我都不理不睬，眼里含着一汪眼泪。

　　过了几个小时，两个人又去百货公司退货，等到柜台要把钞票还给我们时，我的男友又问了一句："你确定不要这条床单？"我这才开口说："确定不要。"

　　退了床单，我被带去餐馆吃烤鸡，那个朋友才拿起鸡来，要吃时，突然迸出了眼泪。

　　那次的求婚是认真的，却是三毛无法接受的。她无法接受这样简单专横的求婚，通过买一条双人被单，务实，却令人灰心。也许在约根看来，这种踏实才是结婚必备的品格，他大约从未想过询问三毛的意见，也从未想过解释和传达自己的爱意。

一年之后，1970 年的夏天，三毛离开德国，准备开启自己在美国的生活。约根到西柏林的机场送她离开，上机时他很郑重地求婚，很认真地对三毛说："等我做了领事时，你嫁，好不好？我可以等。"

对于约根的求婚，三毛当时没有答应，后来也没有答应。这一个"后来"，便"后"了二十多年的光阴，"后"到他从领事，成了大使，依旧在等，直等到香消玉殒的那一天。

三毛在美国有两个堂兄，在信中，他们总劝三毛留在德国，不要前往美国，因为那里是个注重能力的地方，不容易生存，但三毛还是申请并获得了美国伊利诺大学陶瓷专业的留学资格。

人生大事虽多，最基本的总不过吃穿用住，三毛在抵达美国之前，便拜托朋友先帮她租下了住处，那是一幢木结构平房，同住的两个女孩都是美国的大一学生。

到达芝加哥时已经是半夜，朋友将她从机场送到住所门口，留下钥匙便离开了，三毛想当然地用钥匙开门进屋，却发现房门是从里面反锁的。

我用力打门，门开了，房内漆黑一片，只见一片鬼影幢幢，或坐或卧；开门的女孩全裸着，身体重要的部分涂着银光粉，在黑暗中一闪一闪的，倒也好新鲜。

“嗨！”她叫了一声。

“你来了，欢迎，欢迎！”另外一个女孩子也说。

我穿过客厅里躺着的人，小心地不踏到他们，就搬了箱子去自己的房间里。

这群男男女女，吸着大麻烟，点着印度的香，不时敲着一面小铜锣，可是沉醉在那个气氛里，他们倒也不很闹，就是每隔几分钟的锣声也不太烦人。

那天清晨我起来，开门望去，夜间的聚会完毕了，一大群如尸体似的裸身男女交抱着沉沉睡去，余香还燃着一小段。烟雾里，那个客厅像极了一个被丢弃的战场，惨不忍睹。

一个月之后，三毛搬家了，并非是受到了侵犯或干扰，她只是觉得自己和那两名室友完全不是同一个世界的人。

离开木制平房，三毛搬进了一个小型的学生宿舍。那里的女学生大多很用功，用功的三毛认识了其他用功的室友，这原本是件好事，但生活之所以总不完美，恰是因为它的喜忧参半，良莠混杂。

无论是当年在家，还是出国留学期间，三毛一直都保持着夜读的习惯。搬家后她的对面房间住着一个正在读教育硕士的学生，每天晚上，这名学生都会打字到两点左右，虽然“咔咔”的打字声影响了三毛的阅读，但她这种坚持认真的精神让三毛觉得很赞赏，更引发了惺惺相惜的感觉。所以，三毛每次都等她打完字安静下来再埋头看书。

对这个打字的硕士在读生，三毛并没有过多地放在心上，原本以为这样的"夜程表"能一直维持下去，双方和睦相处，没想到对方和三毛的想法感受全然不同。

有一夜，她打完了字，我还在看书，我听见她开门了，走过来敲我的门，我一开门，她就说："你不睡，我可要睡，你门上面那块毛玻璃透出来的光，叫我整夜失眠；你不知耻，是要人告诉你才明白？嗯？"

我回头看看那盏书桌上亮着的小台灯，实在不可能强到妨碍别一间人的睡眠。我叹了口气，无言地看着她美而僵硬的脸，我经过几年的离家生活，已经不会再气了。"你不是也打字吵我？"

"可是，我现在打好了，你的灯却不熄掉。"

"那么正好，我不熄灯，你可以继续打字。"

说完我把门轻轻在她面前阖上，以后我们彼此就不再建交了。

当一个人身处陌生的环境时，总不能准确地判断即将发生的事，相比于西班牙的热情朴实、德国的严谨务实，三毛眼中的美国人很多时候表现的是直接又现实。

比如，一次，一个法学院的学生会约她去喝咖啡吃甜饼，之后自作主张地开车将三毛带到校园的湖边，停下车打开音响，并想与三毛有更加亲密的接触。但三毛打开车窗，关上音乐，直白地拒绝了那个法学院的学生，于是对方将她送回了宿舍，并没有过分纠缠。

到了宿舍门口，我下了车，他问我："下次还出来吗？"我打量着他，这人实在不吸引我，所以我笑笑，摇摇头。

"三毛，你介不介意刚刚喝咖啡的钱我们各自分摊。"

语气那么有礼，我自然不会生气，马上打开皮包找钱付给他。

这样美丽的夜色里，两个年轻人在月光下分帐，实在是遗憾而不罗曼蒂克。

比如，另一次，三毛和朋友卡洛一起吃午饭，每人一份夹肉三明治，卡洛又多点了一盘"炸洋葱圈"。三毛吃完后正打算付账，卡洛却说自己吃不完那盘洋葱圈，要三毛帮忙分食，三毛没有多想，吃掉了剩下的洋葱圈。

没想到付账时，三毛被摊了半盘洋葱圈的钱，她心里虽然不大情愿，但这件事于情于理似乎都没什么问题，只能感叹这是"姜太公钓鱼，愿者上钩，鱼饵是洋葱做的"。

比如，更让三毛惊讶的一次，是她险些被一对美国夫妇"强行领养"。

那对中年夫妇家产颇丰，他们没有孩子，却对三毛很好，几乎是视如己出，每逢周末或是假日，都会开车到宿舍，接她出去兜风。

感恩节那天，吃完饭，这对夫妇红光满面地对三毛宣布，他们打算收养她做女儿。

"你是说领养我？"我简直不相信自己的耳朵。

我气极了，他们决心领养我，给我一个天大的惊喜。但是，他们没有"问我"，他们只对我"宣布"他们的决定。

"亲爱的，你难道不喜欢美国？不喜欢做这个家里的独生女儿？将来——将来我们——我们过世了，遗产都是你的。"

我气得胃马上痛起来，但面上仍笑眯眯的。

"做女儿总是有条件的啊！"我要套套我卖身的条件。

"怎么谈条件呢？孩子，我们爱你，我们领养了你，你跟我们永远永远幸福地住在一起，甜蜜地过一生。"

"你是说过一辈子？"我定定地望着她。

"孩子，这世界上坏人很多，你不要结婚，你跟着爹地妈咪一辈子住下去，我们保护你。做了我们的女儿，你什么都不缺，可不能丢下了父母去结婚哦！如果你将来走了，我们的财产就不知要捐给哪一个基金会了。"

这样残酷的领儿防老，一个女孩子的青春，他们想用遗产来交换，还觉得对我是一个天大的恩赐。

"再说吧！我想走了。"我站起来理理裙子，脸色就不自然了。

我这时候看着这两个中年人，觉得他们长得是那么的丑恶，优雅的外表之下，居然包着一颗如此自私的心。我很可怜他们，这样的富人，在人格上可是穷得没有立锥之地啊！

不过，三毛在美国的经历也并非如此不堪，无论是美国人开朗的性格，还是冥冥之中似乎来自天神的眷顾，都让她在美国的留学生活充满着意外的惊讶和感恩的快乐。

05 · 美国一九七一

一九七一年的夏天，三毛在美国伊利诺州立大学的校园里低头走着，她的身上只剩下一点生活费，工作也没有着落，一切都很渺茫。这时她遇见了一个不相识的金发青年，他俯身从草坪上折下一根青草，送给三毛。

一片影子挡住了去路，那个吹着口哨的青年，把右手举得高高的，手上捏着一枝碧绿的青草，正向我微笑。

"来！给你——"他将小草当一样珍宝似地递上来。

我接住了，讶然地望着他，然后忍不住笑了起来。

"对，微笑，就这个样子，嗯！快乐些……"他轻轻地说。

说完拍拍我的面颊，将我的头发很亲爱的弄弄乱，眼神送过来一丝温柔的鼓励，又对我笑了笑。

然后，他双手插在口袋里，悠悠闲闲地走了。

那是我到美国后第一次收到的礼物。

一九七一年的冬天，三毛住在伊利诺大学的小型宿舍楼房中，那是感恩节的假期，宿舍里的同学都走了，三毛一个人留了下来。

宿舍周围很安静，其他住宅离得很远，就在这片静谧中，三毛遭遇了一次"入室"行动。

那天初雪纷飞，天地茫茫，深夜两点，三毛躺到床上，将窗帘拉开，窗外的小电影院还亮着霓虹灯，微光透进屋子，勉强能看得见东西。

不一会儿，楼下那扇从来不锁的大门被人推开，有人进来了。脚步声在楼下停了一会儿，之后上到三楼，走到三毛的房门前。之后，外面的人拿着钥匙打开了三毛的房门，而三毛，完全没有发出一丝动静。

一个影子，黑人，高大、粗壮，戴一顶鸭舌帽，穿桔红夹克、黑裤子、球鞋，双手空着，在朦胧中站了几秒，等他找到了我的床，便向我走来。

他的手半举着，我猜他要捂我的嘴，如果我醒着，如果我开始尖叫。

当他把脸凑到我仰卧的脸上来时，透过窗外的光，我们眼睛对眼睛，僵住了。

"老兄，我醒着。"我说。

三毛的镇定，让闯入者在惊骇的同时感到难以置信，她平静简单地称呼他为"Brother"，又让对方有些不知所措。三毛不敢惊慌，宿舍没有舍监，没有同学，深夜两点钟的大雪中，也不可能有刚好路过的行人搭救，三毛必须自己想办法。

她试着慢慢地坐起来，一边观察着闯入者的反应，他在喘着粗气，似乎比三毛还要紧张。三毛没有扭开床头灯，她试着和他聊天，那人依旧半举着手，但呼吸平稳了一些，在极暗的光线里，他开始犹豫，三毛又让他坐在椅子上，那个闯入者自然不敢坐，而是下意识地看向三毛身边的电话。

"我不会打电话、不会叫、不会反抗你，也请你不要碰我。要钱，请你自己拿，在皮包里——有两百块现金。"我慢慢地说，尽可能的安静、温和、友善。

他退了一步，我说："你要走吗？"

他又退了一步，再退了一步，他一共退了三步。"那你走了。"我说。

那个人点了点头，又点了一下头，又点了一下头，他还在退，他快退到门口去了。

"等一下。"我喊停了他。

"你这个傻瓜，告诉我，你怎么进来的？"我开始大声了。

"你的大门开着。钥匙放在第十四号邮件的格子里，我拿了，找十四号房门——就进来啦！"这是那人第一次开口，听他的声音，我已了然，一切有关暴行的意念都不会再付诸行动。这个人正常了。

"那你走呀！"我叫起来。

他走了，还是退着走的，我再喊："把我的备用钥匙留下来，放在地板上。你走，我数到三你就得跑到街上去，不然——不然——我——"

三毛还没有说完，闯入者就离开了，他快步离开，快步下楼，走出了宿舍，三毛听到大门开合的声音，之后她跳下床一路跑到楼下，锁上了大门，再跑回自己的房间锁上门。

她试着打电话，却因为浑身发抖而说不出一个字，最后，她藏进了衣柜里，背靠着墙，双手抱住肩膀，整个人都抖成了一团。为了这次可怕的不幸，也为了这次不幸中的万幸，幸好闯入者是个心地善良的人……

也是在同一年，三毛曾经想去拜访她的恩师顾福生。顾福生离开台湾已经十年，一个周末，三毛从大学城乘车奔袭两百里来到芝加哥的密西根湖畔，订了一间旅店，准备见过顾福生之后，在第二天早晨乘车回去。

厉裂如刀的冬风里，我手中握着一个地址，一个电话号码，也有一个约定的时间，将去看一个当年改变了我生命的人……

我在密西根大道上看橱窗，卷在皮大衣里发抖，我来来回回地走，眼看约定的时间一分一秒在自己冻僵的步子下踩掉……

见了面说些什么？我的语言、我的声音在那一刻都已丧失。那个自卑的少年如旧，对她最看重的人，没有成绩可以交代，两手空空。约定的时间过了，我回到旅馆的房间里，黑暗的窗外，"花花公子俱乐部"的霓虹灯兀自闪烁着一个大都会寂寞冷淡的夜。那时候，在深夜里，雪，静静的飘落下来。

第一次不敢去画室时被我撕碎的那一枕棉絮，是窗外十年后无声的雪花。那个漫天飞雪的一九七一年啊！

从西班牙到德国，再到美国，三毛的求学之路丰富多彩，但对三毛来说，她的成长，她的成绩，都不足以向那个重要的人汇报，那个改变了她一生的人，她必须以更好的姿态出现在他面前。

三毛在美国的生活最初非常窘迫，只能一边读书一边寻找合适的工作，终于在伊利诺大学法学院的图书馆谋到一份差事，负责整理书籍和资料，这时，她才与堂兄取得联系。

小堂哥发现我在大学里恰好有他研究所以前的中国同学在，立即拨了长途电话给那位在读化学博士的朋友，请他就近照顾孤零零的堂妹。从那个时候开始，每天中午休息时间，总是堂哥的好同学，准时送来一个纸口袋，里面放着一块丰富的三明治、一只白水煮蛋、一枚水果。他替我送饭。每天。吃了人家的饭实在是不得已，那人的眼神那么关切，不吃不行，他要心疼的。

　　吃到后来,他开始悲伤了,我开始吃不下。有一天,他对我说:"现在我照顾你,等哪一年你肯开始下厨房煮饭给我和我们的孩子吃呢?"那时候,追他的女同学很多很多,小堂哥在长途电话里也语重心长地跟我讲:"妹妹,我这同学人太好,你应该做聪明人,懂得我的鼓励,不要错过了这么踏实的人。"我在电话中回答:"我知道,我知道。"挂下电话,看见窗外白雪茫茫的夜晚,竟然又哗哗地流泪,心里好似要向一件事情去妥协而又那么的不快乐。

　　初恋的伤痛,在离开台湾几年的游学生活中已经慢慢冲淡,虽然那是一生都不能忘怀的苦恋,但三毛那颗不再青涩的心脏,早已懂得放下执着,享受当下。

　　没有哪个女孩不渴望被人呵护、被人关怀,可三毛却与众不同。对她而言,爱情不是权衡,而是自由的选择,她自然知道那个人的好,也懂得那个人的爱,但为了这份爱放弃选择的自由,总让三毛感到一阵阵无力,那个人的好,也慢慢地成为了她无法回应的负担。

　　当我下决心离开美国回台湾来时,那位好人送我上机去纽约看哥哥再转机回台。他说:"我们结婚好么?你回去,我等放假就去台湾。"我没有说什么,伸手替他理了一理大衣的领子。等我人到纽约,长途电话找来了:"我们现在结婚好么?"我想他是好的，很好的，可以信赖也可以亲近的，可是被人问到这样的问题时，心里为什么好像死掉一样。

三毛终于没有选择那个好人，也没有留在美国，她仿佛是一只倦飞的候鸟，即将收起翅膀，趁高天风静，缓缓归巢，开始了一段安稳的生活。

01 · 断肠又台湾

1971 年，三毛回到了台湾，她凭借在歌德学院获得的德语教师资格，应张其昀先生的邀请，回到当初与舒凡相识的文化学院，成为一名教授德语与哲学的老师。

四年前三毛为情所伤，狼狈地逃离这所学校，逃离台湾，四年后她带着异国留学归来的乐观与开朗，意气风发地踏入曾经的校园，从曾经的选读生蜕变为受人尊敬的执教者。

回到台湾的生活是安稳平静的，三毛无需像留学时那样缴纳学费和住宿费，无需计算着每个月的生活费拮据度日，也无需独自面对和解决各种问题。曾经时时萦绕在心头的离家忧愁已然散尽，她不再是缺乏认同感与归属感的华裔留学生，而是一个生活在父母身边的台湾女子。

她依旧是爱书的，也爱一切与艺术有关的东西。她会认真地到学校去上课，闲暇时，她看书、画画，或是听听音乐，打发时间，同时也享受着时间。

三毛在闲暇时间里最爱光顾的，是位于台北武昌街的明星咖啡屋,这间咖啡屋最早是由流亡的白俄罗斯人开办,后来创始人去世,这间咖啡屋交由中国人接手,成为许多社会名流经常光顾的地方。

明星咖啡屋的水果蛋糕非常著名,整体环境典雅精致,吸引了许多文人,这里还召开过很多次著名文学刊物的编辑会议,比如,白先勇的《现代文学》、陈映真等人的《文学季刊》。正是因为这些人的影响和推动,明星咖啡屋逐渐成为台北著名的文学沙龙,在这里可以品尝咖啡打发时间,更可以偶遇白先勇、侯孝贤、龙应台、林怀民等文学大家,以至于在60年代的年轻人中掀起了一阵风潮——"杂志看《文星》,咖啡喝明星"。

在白先勇的回忆中,明星咖啡屋的风光恒久闪耀。

"明星"大概是台北最有历史的咖啡馆了。

记得二十年前还在大学时代,"明星"便常常是我们聚会的所在。那时候,"明星"的老板是一个白俄,蛋糕做得特别考究,奶油新鲜,又不甜腻,清新可口,颇有从前上海霞飞路上白俄西点店的风味。二楼陈设简朴,带着些许的欧洲古风。那个时期,在台北上咖啡馆还是一种小小的奢侈,有点洋派,有点沙龙气息。幸而"明星"的咖啡价钱并不算贵,偶尔为之,大家还去得起。

"明星"在武昌街,靠近重庆南路,门口骑楼下有一个书摊,这个书摊与众不同,不卖通俗杂志,也不卖武侠小说,有不少诗集诗刊，也有《现代文学》，那便是孤独国主周梦蝶的诗之王国……《现代文学》常常剩下许多卖不出去的旧杂志，我们便一包包提到武昌街，让周梦蝶挂在孤独国的宝座上，然后步上"明星"的二楼，喝一杯浓郁的咖啡，度过一个文学的下午。

那时节，"明星"文风蔚然。

《创世纪》常在那里校稿，后来《文学季刊》也在"明星"聚会……六十年代的文学活动大多是同仁式的，一群文友，一本杂志，大家就这样乐此不疲地做了下去。

三毛也喜欢明星咖啡屋，不仅因为那里是台北文人的聚集地，更因为那里有她和舒凡的文学回忆。四年时间过去，她对舒凡已经不再执着，但她依旧习惯在闲暇时到明星咖啡屋坐一坐，这一坐，便认识了新的朋友。

一次，明星咖啡屋里客人很多，三毛只得与一名男子坐在一桌，她惊奇地发现，这名男子居然在闭目养神。细细观察，三毛又发现这人是名画家，他头发及肩，脸颊瘦削，胸前蹭着五颜六色的颜料。

三毛对于艺术家向来有一种亲切感，因为从小她就希望成为"一个伟大艺术家的太太"，而不是一名作家。这个在明星咖啡屋认识的画家并不算伟大，但三毛还是很快与他熟识起来，她去参观他的画室，对他的画由衷地称赞。后来，三毛在明星咖啡屋接受了画家的求婚，两人公开订婚，并开始准备婚礼。

对于这名画家，三毛的家人并不看好，但爱情的烈火将好言烧成偏见，三毛根本听不进父母的劝告，她相信经济和生活上的问题都不是难题，只要有爱情，一切就会好起来。

是直率和坦诚，让三毛告别了青涩暗淡的青春期，成为快乐的花蝴蝶；也是她的直率和坦诚，让她在爱情的谎言里翻了船。

即将成为"艺术家太太"的婚礼前夕，三毛才震惊地发现，这个信誓旦旦要与自己共沐爱河的男人竟然是个骗子，是一个有妇之夫。他骗取了三毛热烈的心，更是毫无廉耻地以女方取消婚礼为由到陈家闹事，索要赔偿。

三毛大受打击，父亲为了尽量降低影响，只得将自己为三毛婚礼准备的房子送出，那名骗婚的画家才算就此作罢。即便有父母的保护和陪伴，三毛还是几近崩溃，她的生活秩序再次被打乱，刚刚回复正轨的生命，也面临着颠覆性的崩毁。

漂泊过的人，在行为上应该有些长进，没想到又遇感情重创，一次是阴沟里翻船，败得又要寻死。那几个月的日子，不是父母强拉着，总是不会回头了……

在父母的陪伴下，三毛终于从"阴沟"里翻出来，开始尝试新的生活。父亲希望她通过运动来平息和淡化伤痛，于是鼓励她去打网球。为了让三毛尽早开始运动疗法，他请教练、买球拍、订做球衣，还为她添置了一辆新自行车。

因为这桩闹得沸沸扬扬的荒唐"婚事"，三毛失去了文化学院的工作，换到一所干校继续教书。除了工作和打网球，三毛又回到之前深居简出的生活里。那段时间的她，对生活未必失去信心，但重创之下，想要再次肆无忌惮地张开双臂迎接温暖，也需要很大的勇气。

一次，三毛和父亲去打网球，在球场认识了一个德国人。这位身材高大的德国教师已是中年，但依旧英俊，为人温和，举止绅士，球艺和他的相貌不相上下，初次见面，三毛那流利纯正的柏林德语就让这个德国人感到非常惊讶。

后来两人渐渐熟悉，话题也从单纯的讨论球艺慢慢地拓展开来。遇到教授德语时出现的问题，三毛也会向他请教，在越发融洽的沟通中，爱慕的火苗轻擦而起，微弱却又温暖地在两人之间摇曳着。

与约根不同，这位德国教师阅历丰富，性格成熟温和，他希望通过日常相处培养两人的默契和感情，同时也给三毛时间，让她自己体会他的情意。三毛是个极为敏锐的人，德国教师的沉稳从容，让她不安的内心逐渐舒缓下来，她开始体会到，并越来越享受两人相处时的快乐与安宁。就这样，在经历了一段不愿回顾的错爱之后，三毛开始了自己的新恋情。

　　我在西班牙讲日文，在德国讲英文，在美国讲中文，在台湾讲德文。这人生……一年之后，我的朋友在台北的星空下问我："我们结婚好吗？"我说："好。"清清楚楚的。

　　我说好的那一霎间，内心相当平静，倒是四十五岁的他，红了眼睛。

　　那天早晨我们去印名片。名片是两个人的名字排在一起，一面德文，一面中文。挑了好久的字体，选了薄木片的质地，一再向重庆南路那家印刷店说，半个月以后，要准时给我们……说"好"的那句话还在耳边，挑好名片的那个晚上，我今生心甘情愿要嫁又可嫁的人，死了。

　　医生说，心脏病，难道以前不晓得。

　　并不知道他有心脏病，就像并不知道上天会在幸福来临的前夜降下末日。那盒名片，再无人领取，名片上排在一起的两人，转眼形单影只，雁丘徘徊。

　　再见所爱的人被一锤一锤钉入棺木，当时神智不清，只记得钉棺的声音刺的心里血肉模糊，尖叫狂哭，不知身在何处，黑暗中，又是父亲紧紧抱着，喊着自己的小名，哭是哭疯了，耳边却是父亲坚强的声音，一再地说："不要怕，还有爹爹在，孩子，还有爹爹姆妈在啊！"

　　虽然多年后，三毛再次回忆起那个人，已经不再有撕心裂肺的感觉，但在那一年，就在他离世后不久，三毛在朋友的家里吞药自杀。她被救了，心却彻底碎了。从此，如影相随的胃病，成为她对他最深的纪念。

也许他并没有我认为的那么好，因为他死在我的怀里，使我有一种永远的印象。而他的死造成了永恒，所以这个是心理上的错觉……台北触景伤情，无法再留，决心再度离家远走。说出来时，正是吃饭的时候，父亲听了一愣，双眼一红，默默地放下筷子，快步走开。倒是母亲，毅然决然地说："出去走走也好，外面的天地，也许可以使你开朗起来。"

就这样毫不犹豫地，三毛决定再度离家飞往西班牙，那个让她感受过明媚和热情的国度，飞往她的第二故乡。

02 · 途经英国的牢狱之灾

离开台北之前，三毛时常与朋友一起，到她离开台湾的最后一晚，朋友们来到三毛家，与三毛的父亲和弟弟玩球，一直闹到深夜。

一想起来依然筋疲力尽也留恋不已。当时的心情，回到欧洲就像是放逐了一样。

这次出国不像上次紧张，行李弄了只两小时，留下了一个乱七八糟的房间给父母去头痛……上机前几乎流泪，不敢回头看父亲和弟弟们，仰仰头也就过去了。

我的母亲舍不得我，千送万送加上小阿姨一同飞到香港。香港方面，外公、外婆、姨父、姨母，加上妹妹们又是一大群，家族大团聚，每日大吃海鲜……

香港的机场人很多，拥挤混乱，母亲又在流泪，三毛跟着人流来到出境处，看到香港的亲友们都挤在栏杆外，远远地望着她。

移民的人问我填了离港的表格没有，我说没有，讲话时声音都哽住了。挤出队伍去填表，回头再看了母亲一眼，再看了一次，然后硬下心去再也不回头了，泪是流不尽的，拿起手提袋，我仰着头向登机口走去。就那样，我再度离开了东方。

三毛的第二次西行并不顺利，她需要先乘坐二十一小时的飞机，到英国伦敦之后再转机去西班牙马德里，就是这次的英国转机，让三毛平生第一次尝到了"犯人"的滋味。

从香港起飞的班机降落在伦敦 Gatwick 机场，但飞往马德里的班机是从 Heathrow 机场起飞，三毛需要带着行李，乘车一个小时左右，才能完成换机。

三毛原本还在安慰自己，盘算着如果可以申请 72 小时过境，就在伦敦找个小旅店住下，先玩几天，再去马德里。在 Gatwick 机场的移民局，同机的人都顺利过关，一名娶了比利时太太的中国人过关了，一名年龄栏写着"大约六十八岁"的宁波老太太拿着香港居留证过关了，但移民局官员告诉三毛，她的那本护照不能入境。

不明就里的三毛拿出自己的西班牙签证和转机机票，想要证明自己不想入境，只是要转机，但移民局官员却没收了她的转机机票和护照，将她当作一名"犯人"来看管对待。

等了快三十分钟，没有人来理我，回头一看，一个年轻英俊的英国人站在我后面……我看他胸口别着安全官的牌子……

这时那个移民局的小胡子过来了，他先给我一支烟，再拍拍我肩膀，对我友善地挤挤眼睛，意味深长地笑了笑……然后对我身后的安全官说："这个漂亮小姐交给你照顾了，要对她好一点。"说完，他没等我抽完第一口烟，就走了。

这时，安全官对我说："走吧，你的行李呢？"我想，我大概是出境了，真像做梦一样。他带我去外面拿了行李，提着我的大箱子，往另一个门走去。

我说："我不是要走了吗？"他说："请你去喝咖啡。"

我喝咖啡时另外一个美丽金发矮小的女孩来了，也别着安全官的牌子，她介绍她叫玛丽亚，同事叫劳瑞。玛丽亚十分友善，会说西班牙文，喝完咖啡，他们站起来说："走吧！"

在同机乘客的注视下，三毛被两名安全官"骗"上警车，用她自己的话说，她的"流浪记终于有了高潮"。

三毛被带到拘留所，那是一座两层的房子，有客厅和很多房间。办公室里还有一名警官，跟着安全官玛丽亚，三毛有了自己的"房间"。和她关在一起的都是偷渡的人，虽说是关押，但也只是锁住了大门，每个房间的人都可以自由进出。

三毛进了拘留所，却没有像别的中国女孩一样在房间里哭哭啼啼，她向值班警官要求打电话找律师，又提出要找工具打扫屋子，警官被她吵的头疼，只好放下工作煮咖啡，生性顽皮的三毛便在桌上摆了一大排杯子，将房间里的人叫出来一起喝咖啡。

换乘的班机已经起飞，三毛没有灰心，她悄悄地要求安全官劳瑞想办法帮她联络律师，劳瑞悄悄地带她出去打公用电话，但不巧的是，父亲的朋友黄律师在香港出差，三毛的希望彻底落空，她甚至没有力气开口，因为怕一张开嘴，无助的眼泪就会流下来。

三毛只能等待，但哪怕是等待，她也依旧很"不老实"。她和安全官一起看电视，还告诉他们台湾在上演名为《复仇者》的外国电视长片。

玛丽亚说："你很会用双关语，你仍在生气，因为你被留在这里了是不是？复仇者，复仇者，谁是你敌人来着？"

我不响。事实上从早晨排队开始，被拒入境，到我被骗上警车，（先骗我去喝咖啡）到不许打电话，到上洗手间都由玛丽亚陪着，到叫我换制服，到现在没有东西给我吃——我表面上装的不在乎，事实上我的自尊心受到了很大的伤害。

电视看的索然无味，三毛便到另外的房间里，她将自己剩下的烟分给其他年轻人，与他们攀谈，即使语言不通，也可以用图画和手势表达。

下午两点多，三毛拒绝了出去吃饭的邀请，留下来与拘留

所的其他人一起吃饭，当安全官玛丽亚和劳瑞吃完回来，又给
她带回了一块烤肝。拘留所的食物是美味的，但等待却是漫长的。
整个下午，三毛焦急地等待着电话，一边看时装杂志，一边在《世
界地图》上标注台湾的位置，浇花，梳头，数钱……

　　玛丽亚拿来纸和蜡笔，建议三毛画画，她在收集拘留所关
押人员的画，再交给心理医生分析。三毛也不恼，而是将自己
的侄子画的"大力水手"当作礼物贴在了拘留所的门上。

　　下午六点，三毛终于等来了消息，移民局要求她回机场去，
不准携带提包。就这样，三毛两手空空地被带到了机场大厦的
一个小房间里。

　　里面有一张桌子，三把椅子，我坐在桌子前面，玛丽亚坐
在门边。早晨那个小胡子移民官又来了。我心里忐忑不安，不
知又搞什么花样，我对他打了招呼。

　　这时我看见桌上放着我的资料，已经被打字打成一小本了，
我不禁心里暗自佩服他们办事的认真，同时又觉他们太笨，真
是多此一举。

　　这个小胡子穿着淡紫红色的衬衫，灰色条子宽领带，外面
一件灰色的外套，十分时髦神气，他站着，也叫我站起来，他说：
"陈小姐，现在请听我们移民局对你的判决。"

　　当时，我紧张到极点，也突然狂怒起来，我说："我不站起来，

你也请坐下。我拒绝你讲话，你们不给我律师，我自己辩护，不经过这个程序，我不听，我不走，我一辈子住在你们扣留所里。"

我看他愣住了，玛丽亚一直轻轻地在对我摇头，因为我说话口气很凶，很怒。那位移民官问我："陈小姐，你要不要听内容？你不听，那么你会莫名其妙地被送回香港。你肯听，送你去西班牙，去哪里，决定在我，知道吗？要客气一点。"

三毛努力让自己平静下来，听着移民官一本正经地宣读——第一、台湾护照不被大英帝国承认；第二、申请入境理由不足，不予照准；第三、有偷渡入英的意图；第四、判决"驱逐出境"——目的地西班牙，若西班牙拒绝接受其入境，今夜班机回香港转台湾。

三毛不肯在这份文件上签字，她用英文严肃地提出了申辩，她并没有"申请入境"。没有申请的事不需要胡乱拒绝，她更没有意图"偷渡入境"，相比英国她更喜欢西班牙，更何况移民局没有权利决定她的目的地，如果将她送回香港，她一定会转托律师上告国际法庭，至于判决中提到的"驱逐出境"更是荒唐，她根本没有跨出出境室，更谈不上被驱逐。

和移民官想象的指责和咒骂不同，三毛条理清晰、义正言辞的申辩得到了移民官的尊敬，他的神情柔和下来，笑着伸手与三毛握手，夸奖她是"好勇敢的女孩子"，轻轻地吻了她的手，离开了这个房间。

这场突如其来的胜利，让三毛愣在当场，回过神之后，她着实松了一口气，也在心里暗暗感激那名移民官。

三毛被玛丽亚送回拘留所，拿上行李，跟着劳瑞一起搭乘计程车赶往机场，她将乘坐晚上的飞机前往马德里。

劳瑞跟计程车司机做导游，一面讲一面开，窗外如诗如画的景色，慢慢流过去，我静静地看着。傍晚，有人在绿草如茵的路上散步，有商店在做生意，有看不尽的玫瑰花园，有骏马在吃草，世界是如此的安详美丽，美得令人叹息……

车到 H 机场，劳瑞将我的行李提下去，我问他："计程车费我开旅行支票给你好不好？"他笑了笑，说："英国政府请客，我们的荣幸。"

放松下来的三毛顿时玩性大发，她告诉劳瑞，他们刚刚玩了一天猪吃老虎的游戏。

"我是猪，移民局是老虎，表面上猪被委屈了十几个小时，事实上吃亏的是你们。你们提大箱子，陪犯人，又送饭，打字，还付计程车钱。我呢，免费观光，增了不少见识，交了不少朋友，所以猪还是吃掉了老虎。谢啦！"

劳瑞听了大声狂笑，一边叹气，一边满怀敬意地送走了这位"吃掉移民局"的中国女子。就这样，经过英国的转机波折，三毛终于踏上了西班牙的土地，在这里，等待着她的，是命运沧海中不可抗拒的温柔洋流。

03　好久不见，荷西

三毛的一生，是流浪和漂泊的一生，但她并非时时孤寂，在她的第二故乡，有她熟悉的风土人情，也有着丰富多彩的生活。

绕了一圈地球，又回到欧洲来，换了语文，再看见熟悉的街景，美丽的女孩子，久违了的白桦树，大大的西班牙文招牌，坐在地下车里进城办事，晒着秋天的太阳，在露天咖啡座上看着来来往往的行人，觉得在台湾那些日子像是做了一场梦；又感觉到现在正可能也在梦中，也许有一天梦醒了正好睡在台北家里我自己的床上。

人生是一场大梦，多年来，无论我在马德里，在巴黎，在柏林，在芝加哥，或在台北，醒来时总有三五秒钟要想，我是谁，我在哪里。脑子里一片空白，总要想一下才能明白过来，哦！原来是在这儿啊——真不知是蝴蝶梦我，还是我梦蝴蝶……

无论清醒与睡梦，她都是那只蝴蝶，是当年文化学院里主修哲学、沉浸在庄子世界里的蝴蝶，也是翩飞在西班牙热烈空气中的异乡的花蝴蝶。

身在台湾时，曾有一个西班牙朋友来看三毛，带来了一封荷西的信。

那位朋友说："他说如果你已经把他给忘了，就不要看这封信了。"我答道："天晓得，我没有忘记过这个人，只是我觉得他年纪比我小，既然他认真了，就不要伤害他。"我从那个朋友的手中接过那封信，一张照片从中掉落出来，照片上是一个留了大胡子穿着一条泳裤在海里抓鱼的年轻人，我立刻就说："这是希腊神话里的海神嘛！"打开了信，信上写着："过了这么多年，也许你已经忘记了西班牙文，可是我要告诉你一个秘密，在我十八岁那个下雪的晚上，你告诉我，你不再见我了，你知道那个少年伏枕流了一夜的泪，想要自杀？这么多年来，你还记得我吗？我和你约的期限是六年。"就是这样的一封信，我没有给他回信，把那封信放在一边，跟那个朋友说："你告诉他我收到了这封信，请代我谢谢他。"

那时的三毛还沉浸在即将为人妻的喜悦与充实中，从没想过自己会在半年之后，再次飞离台湾，逃回西班牙去疗伤。她的第二次西班牙之行，是为了突然逝去的未婚夫，而不是为了荷西，但正是这次回归，成就了她和荷西的爱情，也成就了后来最为人们所熟知的三毛——一个流浪在撒哈拉的女人。

1972年年底，三毛开始了在西班牙的生活。她依旧撰写文章，发到《实业世界》上换取稿费，还找了一份工作，教小学生学习英文，这份工作每周占用她的四个小时，其他时间则可以任意支配。

同住的三个女孩子，又都是玩家，虽说国籍不同，性情相异，疯起来却十分合作，各有花招。平日里我教英文，她们上班，周末星期，却是从来没有十二点以前回家的事。说是糜烂的生活吧，倒也不见得，不过是逛逛学生区、旧货市场，上上小馆子，跳跳不交际的舞。

看电影、唱歌、喝酒、穿上礼服听音乐会，这些能让寻常女孩心满意足的活动，依旧无法满足三毛的内心，她的孤独不在于环境，而在于发自内心的无法释放的茫然与难以填补的空寂，于是她向朋友借来机车，在马德里的沉沉夜色中，沿着空旷的马路飞奔。

后来，三毛遇见了历史考古博物馆的馆长，这个英俊开朗、渊博礼貌的男人也叫荷西，他工作严谨，却并不刻板，他会在三毛授课时等在门外吹着冷风，以便在下课的第一时间为她披上外套。

心无所依的三毛满心欢喜，她在家信中用"花开花谢无间断，春来不相干，唯有此花开不厌，一年常占四时春"来形容这段感情。这位来自博物馆的荷西，的确为三毛带去了春天一般的温暖与安详，但经过人间风雨，她早已不再是文化学院里那个为初恋情人痴迷的小女孩，现在的她，懂得品尝感情的浓度，也学会了衡量感情的深度。

几个月以后，三毛在家信中不再分享这份感情的喜悦，转而淡淡地说起自己的性情和对结婚的打算。

想来想去，还是不能结婚，我这个人很难，别人差，看不起，别人强，又不服。还是跟着爹爹、姆妈一辈子好了，我觉得这个打算不错。

三毛对自己是了解的，她明白自己的骄傲，也清楚地看到自己的不足，但那时的她没有想到，这个世界上真的有一个人，能包容她的一切不足，欣赏她的全部骄傲。

在马德里，三毛见到了荷西的妹妹伊丝帖，依旧是在她拜访徐伯伯时，依旧是六年前的那个院子，只是当年的小女孩已经出落成美人，就像当年那个攥着法国帽的稚嫩男孩已经蜕变为照片上英武的海神。

那时，荷西正在当兵，三毛与他并没有联系，但伊丝帖却有自己的办法。

当时荷西在服最后一个月的兵役，荷西的妹妹老是要我写信给荷西，我说："我已经不会西班牙文了，怎么写呢？"然后她强迫将信封写好，声明只要我填里面的字，于是我写了一封英文的信到营区去，说："荷西！我回来了，我是 Echo，我在××地址。"结果那封信传遍营里，却没有一个人懂英文，急得荷西来信说，不知道我说些什么，所以不能回信给我，他剪了很多潜水者的漫画寄给我，并且指出其中一个说："这就是我。"我没有回信，结果荷西就从南部打长途电话来了："我二十三日要回马德里，你等我噢！"到了二十三日我完全忘了这件事，与另一个同学跑到一个小城去玩。当我回家时，同室的女友告诉我有个男孩打了十几个电话找我，我想来想去，怎么样也想不起会是哪个男孩找我。正在那时，我接到我的女友——一位太太的电话，说是有件很要紧的事与我商量，要我坐计程车去她那儿。我赶忙乘计程车赶到她家，她把我接进客厅，要我闭上眼睛，我不知她要玩什么把戏忙将拳头握紧，把手摆在背后，生怕她在我手上放小动物吓我。当我闭上眼睛，听到有一个脚步声向我走来，接着就听到那位太太说她要出去了，但要我仍闭着眼睛。突然，背后一双手臂将我拥抱了起来，我打了个寒颤，眼睛一张开就看到荷西站在我眼前，我兴奋得尖叫起来，那天我正巧穿着一条曳地长裙，他穿的是一件枣红色的套头毛衣。他揽着我兜圈子，长裙飞了起来，我尖叫着不停地捶打着他，又忍不住捧住他的脸亲他。站在客厅外的人，都开怀地大笑着，因为大家都知道，我和荷西虽不是男女朋友，感情却好得很。

从那个大雪之夜的道别，到三毛重回马德里，时间刚好过去六年，三毛并没有去计算，更不曾如荷西所言等他六年，但他们却在六年的兜兜转转后，经由命运的牵引，仿佛童话世界中的王子公主一般相见，在众人眼前，演绎着盛大而惊喜的重逢。

三毛回到西班牙，对于荷西来说是天大的惊喜，而荷西准备的惊喜，却带着一种朴实宏大的力量，它能冲破三毛倔强的外表，深深撼动那颗脆弱无助的内心。

那是一个下午，荷西邀请三毛到家里做客，并带着她来到自己的房间。

在黄昏温柔的光影里，三毛发现房间的墙壁上贴满她的照片。那些被放大了的黑白照片，经历了时间与阳光的长久照耀，已经开始发黄，但毫无疑问，墙上每一张凝固的光影，都是她曾经的样子。

三毛并没有给荷西寄过照片，荷西自己交代，这些照片都是他"偷"来的。每当收到三毛的照片，徐伯伯家都会把照片放进一个纸盒里，荷西从纸盒里偷出照片到照相馆放大，之后再将它们放回盒子，天知道他为了这些照片，增加了多少次拜访。

照片上，剪短发的我正印在百叶窗透过来的一道道的光纹下。看了那一张张照片，我沉默了很久……我问："你们家里的人出出进进怎么说？""他们就说我发神经病了，那个人已经不见了，还贴着她的照片发痴。"……我顺手将墙上一张照片取下来，墙上一块白色的印子。我转身问荷西："你是不是还想结婚？"这时轮到他呆住了，仿佛我是个幽灵似的。他呆望着我，望了很久，我说："你不是说六年吗？我现在站在你的面前了。"我突然忍不住哭了起来，又说："还是不要好了，不要了。"他忙问："为什么？怎么不要？"那时我的新愁旧恨突然都涌了出来，我对他说："你那时为什么不要我？如果那时候你坚持要我的话，我还是一个好好的人，今天回来，心已经碎了。"他说："碎的心，可以用胶水把它黏起来。"我说："黏过后，还是有缝的。"他就把我的手拉向他的胸口说："这边还有一颗，是黄金做的，把你那颗拿过来，我们交换一下吧！"

六年的约定，三毛并没有刻意遵守，那时的她，只当这些是不切实际的梦话，是一个不谙世事的孩子说出的美好愿望，但在看到满墙照片的那个午后，她忽然体会到一种冲动，一种想要信赖与依靠的冲动。

六年时间过去，荷西长大了，七个月之后，在炎热的沙漠，他们结婚了。

04 两个人的征程

人的一生中会遇见很多人，但真正能彼此了解和尊重的人并不多，三毛虽然与荷西重逢，但他们的关系并没有如爱情电影里那般进展迅速。

那时，三毛迫于生计，整日为稿子忧心。写作对于她来说，从小便是休息与放松的乐事，如今却成为谋生的手段，不得不埋头案牍，无论灵感何在，想象力是醒着还是睡了，都要按时生产出文字来，这种写作机器一般的生活，让三毛丧失了热情，变得心灰意懒，烦闷不堪。

一支笔，几张纸，台灯与马德里的深夜，词不达意却不断写下的字句，落笔时的沙沙声，一连几日足不出户，成了三毛日常生活中出现最多的画面。

荷西时常约三毛一起散步，就像当年他们逛旧货市场一样，但三毛却时常心不在焉。一次，他们在公园里漫步，本应是良辰美景，三毛却突然说起自己那恼人的稿子。

荷西是个直率而乐观的人，但这并不代表他鲁莽。六年前，当他还是一名高中生时，他就明白要以行动来表达自己的感情，如今六年过去，他读书、参军，学会了航海与潜水，日渐成熟的荷西懂得用更为艺术的方式开解三毛。

他仿佛不经意地指了指旁边的树枝，告诉三毛，他一直觉得那些将自己关在方盒子里，整日对着数字办公的人是天下最可怜的，他宁愿去修剪枝桠，也不想像一般人一样有意义地"浪费生命"。

在三毛的眼中，荷西总脱不掉稚嫩的影子，但荷西这番充满哲理的话，让三毛茅塞顿开。她顿时记起自己的初衷，并不是要以文字来换薪资，而是要怀着一颗自由的心到处流浪。

三毛不禁对荷西刮目相看，既是为荷西的成熟，也是为荷西对自己的了解。当天晚上，她便写信给编辑，推掉了手里的稿子，也因此真正地松了一口气。

没有了稿子的纠缠，三毛又找回自己一贯的生活，她虽然身在马德里，心却在不知不觉间，再度飘往远方。

我的半生，飘流过很多国家。高度文明的社会，我住过，看透，也尝够了，我的感动不是没有，我的生活方式，多多少少也受到它们的影响，但是我始终没有在一个固定的地方，将我的心也留下来给我居住的城市。

不记得在哪一年以前，我无意间翻到了一本美国的《国家地理杂志》，那期书里，它正好在介绍撒哈拉沙漠。我只看了一遍，我不能解释的，属于前世回忆似的乡愁，就莫名其妙，毫无保留地交给了那一片陌生的大地。

等我再回到西班牙来定居时，因为撒哈拉沙漠还有一片二十八万平方公里的地方，是西国的属地，我怀念渴想往它奔去的欲望就又一度在苦痛着我了。

有情怀的人，常常会陷入自己的感受之中，仿佛是曾经有过的体验，仿佛是曾经到过的地方，那些似曾相识的触动，总能让人心潮澎湃，仿佛是深夜的海潮，低沉却动情地呼应着循岸风声的召唤。而这种心灵呼应的结果，是让三毛产生了前往撒哈拉沙漠的念头。

那是 1972 年的年底，三毛刚刚离开台湾不久，她明明从未踏上过非洲的土地，却被那份莫名的乡愁折磨得无法忍受，哪怕身边的人几乎将这个想法当作一个笑话，她依旧心心念念要去看看横亘在地中海南岸的广袤的沙漠，就像当初在西班牙读书时，心心念念要买到一个传统酒袋一样。

三毛买到了酒袋，自然不可能放弃自己对撒哈拉沙漠的执念，她总说要去沙漠走一趟，但极少有人当真。以当年的交通和通讯条件，荒芜的撒哈拉沙漠，远比诗和远方还要空茫。

只有极少的人懂得三毛，他们懂得在她那看似自由叛逆的身体里，住着一个从不安分的灵魂，而生活与生命，原本就是由灵魂负责指引的。

等我给自己安排好时间，准备去沙漠住一年时，除了我的父亲鼓励我之外，另外只有一个朋友，他不笑话我，也不阻止我，更不拖累我。

他就是荷西，那个愿意用自己的全部、乃至于生命去爱她的男人，用三毛自己的话说，"荷西有一个很大的优点，任何三毛所做的事情，在别人看来也许是疯狂的行为，在他看来却是理所当然的。"

荷西对于三毛的爱，不是盲目的爱和娇宠，也并非占有的爱与限制。他了解三毛，正因为了解，他不会、不愿、更不能强迫三毛改变。他爱三毛，一如她所是。在荷西看来，她的想法和打算，比她应当如何重要很多。

也正是在那个冬天，马德里公园的清晨，记录了他们共同生命中的第一次大事。

那天的气候非常寒冷，我将自己由眼睛以下都盖在大衣下面，只伸出一只手来丢面包屑喂麻雀。荷西穿了一件旧的厚夹克，正在看一本航海的书。

荷西问起了三毛的计划，三毛的回答很简单，她想去撒哈拉沙漠，而荷西想在夏天去航海，他已经借到了船，打算从西班牙的港口驶入地中海，在爱琴海清澈浪漫的海湾里潜水。

"你去撒哈拉预备住多久？去做什么？"

"总得住个半年一年吧！我要认识沙漠。"这个心愿是我自小念地理以后就有的了。

"我们六个人去航海，将你也算进去了，八月赶得回来吗？"

我将大衣从鼻子上拉下来，很兴奋地看着他。"我不懂船上的事，你派我什么工作？"口气非常高兴。

"你做厨子兼摄影师，另外我的钱给你管，干不干？"

"当然是想参加的，只怕八月还在沙漠里回不来，怎么才好？我两件事都想做。"真想又捉鱼又吃熊掌。

荷西有点不高兴，大声叫："认识那么久了，你总是东奔西跑，好不容易我服完兵役了，你又要单独走，什么时候才可以跟你在一起？"

荷西一向很少抱怨我的，我奇怪地看了他一眼，一面将面包屑用力撒到远处去，被他一大声说话，麻雀都吓飞了。

"你真的坚持要去沙漠？"他又问我一次。

我重重地点了一下头，我很清楚自己要做的事。

"好。"他负气地说了这个字，就又去看书了。

三毛原本以为荷西只是想要发发牢骚，她没有想到，这次交谈让一向言出必行的荷西改变了原来的计划。也许就连荷西自己也没有想到，他的选择就此改变了两人的生活，也改变了三毛的一生。

不过，在马德里那个清晨的公园里，三毛对即将来临的变化并不知情，她也不清楚荷西在计划着什么，因为他"平时话很多，烦人得很，但真有事情他就决不讲话"。

1973 年的二月初，马德里的冬季还没有过尽，荷西便不声不响地找了一份工作，工作地点正是撒哈拉沙漠。与往常不同，他放弃了自己最喜欢的航海与潜水，赶在自己最爱的女人之前，奔赴非洲。

他，默默地收拾了行李，先去沙漠的磷矿公司找到了事，安定下来，等我单独去非洲时好照顾我。他知道我是个一意孤行的倔强女子，我不会改变计划的。

在这个人为了爱情去沙漠里受苦时，我心里已经决定要跟他天涯海角一辈子流浪下去了。

走的时候，荷西并没有向三毛求婚，但他笃定了，三毛一定会去撒哈拉沙漠，他所要做的，就是在那里等她，并且尽自己最大的努力，成为她的依靠。

磷矿的工作异常辛苦，酷热的高温、雷鸣般的炸药、强大的体力劳动让荷西疲惫不堪，因为舍不得花费高价购买饮用水，他的皮肤和嘴唇很快开裂，曾经的海神，慢慢地被大漠吸干了水分，成为一尊炙热的雕像。但在给三毛的信里，荷西对这些绝口不提，直到有一天，他写下一封简短的信，向三毛求婚。

好像每一次的求婚，在长大了以后，跟眼泪总是分不开关系。那是在某一时刻中，总有一种微妙的东西触动了心灵深处。无论是人向我求，我向人求，总是如此。

荷西的面前，当然是哭过的，我很清楚自己，这种能哭，是一种亲密关系，不然平平白白不会动不动就掉泪的……

荷西和我的结婚十分自然，倒也没有特别求什么，他先去了沙漠……我写信告诉他："你实在不必为了我去沙漠里受苦，况且我就是去了，大半时间也会在各处旅行，无法常常见到你——"

荷西回信给我："我想得很清楚，要留住你在我身边，只有跟你结婚，要不然我的心永远不能减去这份痛楚的感觉。我们夏天结婚好吗？"信虽然很平实，但是我却看了快十遍，然后将信塞在长裤口袋里，到街上去散步了一个晚上，回来就决定了。

三毛回信给荷西说："好。"

与荷西分别三个月之后，1973 年 4 月中旬，三毛结束了一切琐事，没有告别，没有欢送，甚至没有告诉同住的女友。去机场之前，三毛将公寓钥匙、房租和一张字条留下，字条上写着"我去结婚了"，之后，她走出了公寓。

关上了门出来，也这样关上了我一度熟悉的生活方式……

就这样，满怀着对沙漠的憧憬，以及即将见到荷西的兴奋，三毛踏上了去往撒哈拉沙漠的未知旅程，从此开启了她与荷西的传奇故事。那是一段令人眼花缭乱却又惊羡不已的、只属于他们两个人的生命旅程。

第三阶段　万水千山走遍

01 · 一片空寂的天地

　　沙漠，有黑色的，有白色的，有土黄色的，也有红色的。我偏爱黑色的沙漠，因为它雄壮，荷西喜欢白色的沙漠，他说那是烈日下细致的雪景。

　　为了三毛的梦想，荷西先一步来到沙漠，这一去，便是长期的居留。在三毛的想象中，撒哈拉漫天风沙，韵味十足，她没有想过的，是沙漠中艰难的日常生活。

　　三毛来到撒哈拉沙漠时，荷西已经在名叫阿雍的小镇旁找到了住所。

　　一下飞机，三毛便看到了荷西，他的变化让三毛在惊心抽痛的同时猛然省悟，沙漠中的生活，从来不是她幼稚理想中的那样美好浪漫。

　　他那天穿着卡其布土色如军装式的衬衫，很脏的牛仔裤，拥抱我的手臂很有力，双手却粗糙不堪，头发胡子上盖满了黄黄的尘土，风将他的脸吹得焦红，嘴唇是干裂的，眼光却好似有受了创伤的隐痛。

即便如此，面对激动不已的三毛，荷西仍然没有任何抱怨，因为他了解三毛。撒哈拉沙漠，是三毛梦中多年的情人，是她内心深处的渴望，所以他只是说："你的沙漠，现在你在它怀抱里了。"

无际的黄沙上有寂寞的大风呜咽地吹过，天，是高的，地，是沉厚雄壮而安静的。

正是黄昏，落日将沙漠染成鲜血的红色，凄艳恐怖。近乎初冬的气候，在原本期待着炎热烈日的心情下，大地化转为一片诗意的苍凉。

荷西说着，扛起三毛的行李箱，转身向家的方向走去。三毛依旧沉浸在巨大的触动与感慨中，有些机械地背着背包，提着自己宝贵的枕头套，跟上荷西。

他们走得很慢，一路上开过几辆车，却没有人停下，走了四十分钟后，三毛终于看到了阿雍城外围的人烟，远远的，那些名为撒哈拉威的沙漠人民居住的帐篷和铁皮小屋，毫无遮挡地落入眼底，骆驼和成群的山羊立在沙地上，风里有女孩子们的笑声，让原本贫瘠落后的地方也透出生气和欢乐。

凭着直觉，三毛一眼便认出属于他们的家。那是一幢很小的、有长圆形拱门的房子，对面是一片垃圾场，后面横卧着波浪一般的沙谷，再看过去便是广袤的天空，房子后面则是坚硬的大石和土堆成的高坡，没有邻居欢迎，窗子后面也没有好奇观望的面孔，猛烈的沙漠之风，徘徊在三毛身边。

荷西开门时，我将肩上沉重的背包脱下来。

暗淡的一条短短的走廊露在眼前。

荷西将我从背后拎起来，他说："我们的第一个家，我抱你进去，从今以后你就是我的太太了。"

这是一种很平淡深远的结合，我从来没有热烈地爱过他，但是我一样觉得十分幸福而舒适。

荷西只走了四步，走廊就到头了，房子中间的顶上有四方形的大洞，外面露出的天空，仿佛鸽子身上的灰蓝色。

房子共有两间，大的向街，横四步竖五步，小的则只能放下一张大床，厨房的大小，大约是四张报纸平铺在一起，有裂开的水槽和一个水泥平台，浴室里有洗脸池和浴缸，还有抽水马桶，却没有水箱，水龙头也没有水，从厨房和浴室外的石阶攀上去是屋顶的公用天台。

这个勉强被称为家的地方破烂不堪，水泥高低不平，深灰色的墙是空心砖的原色，接缝的水泥在墙上安然横斜，头顶的灯泡又小又暗，电线上落满苍蝇，墙的左上角还有一处破洞……但这里的租金不菲，水电单独计算，沙漠里不可能有自来水，要从镇上买回来。

　　面对荷西急切又紧张的询问，三毛努力地控制自己，用"近似做作的声音很紧张地"回答："很好，我喜欢，真的，我们慢慢来布置。"

　　当天晚上，荷西带着三毛走到镇上去买生活用品。

　　夜晚的小镇看上去悠闲而热闹，镇上有银行、市政府、法院、邮局、酒店、电影院、商店，以及荷西任职公司的总办公室，整齐的别墅里住着公司的高级职员，带花园的白色房子里住着总督，从白纱窗帘里飘出音乐的是军官俱乐部，还有一座辉煌的宛若皇官的国家旅馆。

　　他们在小杂货店里买了一个小冰箱，一只冷冻鸡，一个做饭的煤气炉和一条毯子。当三毛从随身提着的枕套里掏出钱，想要与荷西共同付账时，荷西才知道枕套里装的到底是什么东西。

　　那是父亲给三毛的钱，被她学着母亲的样子装在枕套里带在身边。为了这一枕套的钱，三毛在到达沙漠的第一天晚上就生了气。

　　荷西绷着脸不响，我在风里定定地望着他。

　　"我想——我想，你不可能习惯长住沙漠的，你旅行结束，我就辞工，一起走吧！"

　　"为什么？我抱怨了什么？你为什么要辞工作？"

荷西拍拍枕头套，对我很忍耐地笑了笑。

"你来撒哈拉，是一件表面倔强而内心浪漫的事件，你很快就会厌它。你有那么多钱，你的日子不会肯跟别人一样过。"

"钱不是我的，是父亲的，我不用。"

"那好，明天早晨我们就存进银行，你——今后就用我赚的薪水过日子，好歹都要过下去。"

我听见他的话，几乎愤怒起来。这么多年的相识，这么多国家单独的流浪，就为了这一点钱，到头来我在他眼里还是个没有分量的虚荣女子。

三毛想要反驳，但终于没有开口，倔强如她，早已在心里打定主意，要用将来的生活为自己正名。带着一腔的不悦，三毛跟着荷西乘坐奔驰计程车回了坟场区的家。她用睡袋，荷西裹毯子，水泥地上只铺了一块帆布，他们就这样各自蜷缩着，度过沙漠冰冷的第一夜。

第二天是星期六，两人又来到镇上——到法院申请结婚，到银行将三毛父亲的钱存成半年定期，买了一个很贵的床垫。之后荷西到市政府去申请送水，三毛继续购物。

虽然沙漠的物价高到"令人灰心"，但为了让生活步上正轨，三毛不得不买下五张当地人用的粗草席，为厨房添置了一锅四盘、两套叉匙和油米糖醋，再加上清洗需要的水桶、扫把、刷子、衣夹、肥皂……

中午回到家，两人先向房东借了半桶水，荷西爬上天台清洗储水用的大水桶，三毛则用唯一的锅煮饭，再做前夜买回的冷冻鸡。这是他们在沙漠中的第一餐，可惜因为误用了借来的深井咸水，连米饭都是咸的。

虽然买了席子和日常用品，但他们在沙漠里的家依旧空荡荡的。第一个周末，两人的时间都在打扫，偶尔会有好奇的小孩从天台的窗口望着他们，乱叫成一团。沙漠的风也会携了沙子从那里落下，带来一种荒凉的热闹。

磷矿工地离家来回有一百公里，但荷西依旧每天回家，为了第二天早上按时上班，每天夜里，他要再乘交通车回宿舍。他们的家，只有周末时才有"男主人"。

因为结婚要准备各种文件，过程很慢，荷西工作又忙，三毛便跟着卖水的卡车出镇，深入沙漠进行旅行。她用了大约两个月的时间，跑遍了小镇周围几百里的大漠。

虽然旅行带来的精神满足，能让人暂时忘记物质的匮乏，但生活的艰辛依旧是沙漠生活中无法回避的存在。

结婚之前，荷西为了多挣些钱，开始替同事上夜班，晚上也很少回家，生活上的事，三毛只能自己完成，比如，去镇上买淡水，一次十公升。

灼人的烈日下，我双手提着水箱的柄，走四五步，就停下来，喘一口气，再提十几步，再停，再走，汗流如雨，脊椎痛得发抖，面红耳赤，步子也软了，而家，还是远远的一个小黑点，似乎永远不会走到。

淡水尚且提的回来，若遇到煤气用光，三毛便没有力气将煤气桶拖到镇上去换，也不愿走到镇上去找计程车回来拉，于是找邻居借来铁皮的炭炉子，在呛人的浓烟里一边流泪，一边煽火做饭。

生活上的苦，并没有让三毛感到气馁，她最怕的，还是沙漠夜晚那令人窒息的孤独。

荷西加班时，三毛会一个人坐在席子上，听风声如泣如诉。在这个没有书报、电视和收音机的家里，无论吃饭睡觉都要在地上，没有抽屉和衣柜，衣服放在箱子里，零碎物品则装进纸盒。若想写字，只能用板子放在膝盖上写。

时常断电的夜里，三毛会借着黄昏的微光望向屋顶的洞口，看着沙子落下，再点上蜡烛，白天里滚烫的墙壁，到了夜晚便冰冷得令人灰心，那灰黑的颜色，阴寒得可怕。

居住在沙漠里的人，都明白孤独的含义。荷西的同事常常开车来叫三毛去家里吃晚饭，三毛知道他们是好心，但这些好心里也饱含着怜悯的成分，这样的好意，她总不肯接受。

　　有时候荷西赶夜间交通车回工地，我等他将门咔嗒一声带上时，就没有理性地流下泪来，我冲上天台去看，还看见他的身影，我就又冲下来出去追他。

　　我跑得气也喘不过来，赶到了他，一面喘气一面低头跟他走。

　　"你留下来行不行？求求你，今天又没有电，我很寂寞。"我双手插在口袋里，顶着风向他哀求着。

　　荷西总是很难过，如果我在他走了又追出去，他眼圈就红了。

　　每到这时，荷西总会安慰三毛，会用力地抱她一下，之后再将她往家的方向推，三毛会慢慢地跑步回去，一边跑一边回头看，就像当年马德里雪天里的荷西，笼罩在沙漠的星空下，荷西也会向她挥手。

　　荷西与三毛的家，的确是有了，但这个家并不能让三毛感到安稳，摆在她面前的，是冷寂的夜晚，广袤的沙漠，聚少离多的荷西，以及旅行也无法驱散的孤独……

02 · 白手成家

　　我家的门口，开门出去是一条街，街的那一边，便是那无边无际的沙漠，平滑、柔软、安详而神秘地一直延到天边，颜色是淡黄土色的，我想月球上的景色，跟此地大约是差不多的。我很爱看日落时被染红了的沙漠。每日太阳下山时，总在天台坐着直到天黑，心里却是不知怎的觉得寂寞极了……我没有厌恶沙漠，我只是在习惯它的过程里受到了小小的挫折。

　　这是三毛初到沙漠三个月内的心情，却并非是全部，除了忍受沙漠夜晚的寂寞，她的生活中还包括准备结婚的手续和文件、背着相机出去旅行。荷西有空时，他们会一起动手制作家具，认真布置他们的家，地处撒哈拉的小小的家。

　　抵达阿雍的第二天，三毛与荷西便来到法院询问结婚需要的手续。

　　秘书是一位头发全白了的西班牙先生，他说："要结婚吗？唉，我们还没办过，你们晓得此地沙哈拉威结婚是他们自己风俗。我来翻翻法律书看——"他一面看书又一面说："公证结婚，啊，在这里——这个啊，要出生证明，单身证明，居留证明，法院公告证明……"

因为三毛是台湾人，她的证明文件需要台湾方面出具，再由中国驻葡公使馆翻译证明，转西班牙驻葡领事馆公证，再从西班牙外交部送到阿雍进行审核和公告，之后送回过去的户籍所在地马德里法院进行公告……

我生平最不喜欢填表格办手续，听秘书先生那么一念，先就烦起来了，轻轻地对荷西说："你看，手续太多了，那么烦，我们还要结婚吗？"

"要。你现在不要说话嘛！"他很紧张，接着他问秘书先生："请问大概多久我们可以结婚？"

"咦，要问你们自己啊！文件齐了就可公告，两个地方公告就得一个月，另外文件寄来寄去嘛——我看三个月可以了。"秘书慢吞吞地将书合起来。

荷西一听很急，他擦了一下汗，结结巴巴地对秘书先生说："请您帮忙，不能快些吗？我想越快结婚越好，我们不能等——"

这时秘书先生将书往架子上一放，一面飞快地瞄了我的腰部一眼。我很敏感，马上知道他误会荷西的话了，赶快说："秘书先生，我快慢都不要紧，有问题的是他。"

荷西自然不会怀孕，但三毛的话还是让他非常尴尬，只能匆忙地向秘书道别，拉着三毛逃出了法院，直到他们站到法院门外，三毛还是笑个不停。

结婚前的日子，就在等待文件流转和孤寂地守着屋子中过去了。荷西除了努力工作挣钱，还要抽时间在下班后赶回家，亲手制作家具。

他们原本打算买木料做家具的，但三毛去五金店里问了价钱，发现他们的预算只能买几块板子，而且没有货。三毛放弃了买木料的打算，却意外地在店外的广场上发现了一大堆用来装货的长木箱，那是极大的木条包着铁皮钉起来的。

三毛没有问那木箱是什么来历，便急火火地跑回店里，询问能不能把外面的木箱送给她，令人意外的是，老板并没有犹豫。得了准许，三毛马上买了做木工要用的工具，以及滑轮、麻绳和砂纸，之后在镇广场找来两辆驴车，载着五个大木箱兴高采烈地回家去了。

因为箱子太大，三毛只能将它们放在门外，整个下午，她不断地出去查看，一直等到黄昏。荷西回来后，两人简单地吃了晚饭，之后冒着寒风装置滑轮，将五个箱子拉上天台，再合力拆成一块块的厚板。

接下来的几天，荷西都没有空，三毛独自守着天台上的木条。她只去了一趟镇上，堆成两人高的木条就被邻居拿的只剩下一人半高。

白天的天台很热，三毛只好到对面的垃圾场捡来空罐头，挂在木堆旁，听见响动就跑上去看看。就在同一个下午，三毛在整理书籍和纸盒时，看到了自己以前的照片，在马德里欢乐的自己，在柏林优雅的自己。

我看着看着一张一张的过去，丢下大叠照片，颓然倒在地上，那种心情，好似一个死去的肉体，灵魂被领到望乡台上去看他的亲人一样怅然无奈。

终于挨到星期五，荷西回家了。那个晚上，荷西借着烛光，画了很多家具图样，三毛只挑了其中最简单的，她只是想要家具，并不想建一座贵族庄园。

星期六清晨，他们开始工作。三毛坐在木条上压着，荷西按照尺寸一块一块地锯，之后三毛再将锯好的木板编上号码，时间过得飞快，温度也跟着攀升。

我将一块湿毛巾盖在荷西的头上，又在他打赤膊的背上涂油。荷西的手磨出水泡来，我不会做什么事，但是我可以压住木条，不时拿冰水上来给他喝，也将闯过来的羊群和小孩们喝走。

太阳像熔化的铁浆一样洒下来，我被晒的看见天地都在慢慢地旋转。

荷西不说一句话，像希腊神话里的神祇一样在推着他的巨石。

我很为有这样的一个丈夫骄傲。

过去我只看过他整齐打出来的文件和情书，今天才又认识了一个新的他。

吃完菜饭，荷西躺在地上，我从厨房出来，他已经睡着了。

我不忍去叫醒他，轻轻上天台去，将桌子、书架、衣架和厨房小茶几的锯好的木块，分类的一堆一堆区别开来。

荷西醒来已是黄昏，为此恼火不已。忙到晚上十一点，他们终于有了一张桌子。第二天是安息日，但荷西不肯休息，依旧在天台上忙碌着。

午饭，是难得的空闲时间。荷西告诉三毛，他从卡车司机那里听说了大木箱的用途，它们是用来装运棺材的，那是五金商店从西班牙购进棺材的包装箱，但三毛并不觉得晦气，一向热衷于拾荒的她对这些并不在意。相反地，这让她更加喜欢自己的新桌子，而她的灵魂伴侣荷西，也认为他们的木头与普通木料没有差别。

于是，三毛与荷西，这两个童心不泯、天马行空的大人，埋头在坟场区，用棺材外箱继续做着他们的家具。

没过几天，三毛又到镇上去。因为他们的房子没有门牌，只好在邮局租了一个邮箱用来收信。每次去邮局，她都会顺路到法院坐坐，躲避酷热的阳光。就在这样一个平常得不能再平常的日子里，法院的秘书先生告诉三毛，马德里地方法院的公告已经结束，他们可以结婚了！

三毛简直不敢相信，她对于结婚的期待，早已被漫长的"文件大战"消磨殆尽。更让她惊讶的是，善良热心的秘书先生已经为他们选好了结婚日期，就在第二天，下午六点！

"明天？你说明天？"我的口气好似不太相信，也不开心。

秘书老先生有点生气，好似我是个不知感激的人一样。他说："荷西当初不是说要快，要快？"

"是的，谢谢你，明天我们来。"我梦游似的走下楼，坐在楼下邮局的石阶上，望着沙漠发呆。

这时我看到荷西公司的司机正开吉普车经过，我赶快跑上去叫住他："穆罕莫德沙里，你去公司吗？替我带口信给荷西，请告诉他，他明天跟我结婚，叫他下了班来镇上。"

穆罕莫德沙里抓抓头，奇怪地问我："难道荷西先生今天不知道明天自己要结婚吗？"

我大声回答他："他不知道，我也不知道。"司机听了看着我，露出好怕的样子，将车子歪歪扭扭地开走了。我才发觉又讲错话了，他一定以为我等结婚等疯了。

与三毛相比，荷西的心情要急切得多。听到消息，他忘了请第二天的假，马上赶回家，拉着三毛给双方父母打电报，荷西的电报很长，又是道歉又是临时通知，而三毛的电报却很简单，只有"明天结婚三毛"几个字。

三毛心里明白，父母看到电报不知有多高兴多欣慰，但在父母面前一向不善于表露情感的她，实在不知这封电报要如何写，于是选择了最短的报告方式。

那天，荷西无所适从，因为即将结婚而兴奋，又因为忘了请假而懊恼，孩子气得很，三毛却依旧条理不乱。

"反正下午六点才结婚，你早下班一小时正好赶回来。"我想当天结婚的人也可以去上班嘛。

"现在我们做什么，电报已经发了。"他那天显得呆呆的。

"回去做家具，桌子还没钉好。我的窗帘也还差一半。"我真想不出荷西为什么好似有点失常。

"结婚前一晚还要做工吗？"看情形他想提早庆祝，偷懒嘛。

"那你想做什么？"我问他。

"想带你去看电影，明天你就不是我女朋友了。"

结婚前一夜，荷西和三毛在镇上的沙漠电影院看了《希腊左巴》，与单身生活愉快地作别。

03 · 撒哈拉之心

　　结婚那天，荷西正常上班，三毛自己从镇上提了一大桶淡水，累得一直睡到下午五点半。荷西的敲门声将三毛叫醒，只见荷西像孩子一样地兴奋地将一个大盒子抱进门，举到三毛面前，三毛一把抢下来，下意识地猜测一定是鲜花。

　　"沙漠里哪里变得出花来嘛！真是。"他有点失望我猜不中。

　　我赶紧打开盒子，撕掉乱七八糟包着的废纸。哗！露出两个骷髅的眼睛来，我将这个意外的礼物用力拉出来，再一看，原来是一副骆驼的头骨，惨白的骨头很完整地合在一起，一大排牙齿正龇牙咧嘴地对着我，眼睛是两个大黑洞。

　　我太兴奋了，这个东西真是送到我心里去了。我将它放在书架上，口里啧啧赞叹："唉，真豪华，真豪华。"荷西不愧是我的知音。"哪里搞来的？"我问他。

　　"去找的啊！沙漠里快走死了，找到这一副完整的，我知道你会喜欢的。"他很得意。这真是最好的结婚礼物。

　　眼看已经快到六点钟了，荷西催促三毛去换衣服，荷西为自己选了一件深蓝色的衬衫，为了配合，三毛选了一件淡蓝的细麻布长衣服，穿了凉鞋，散开头发，戴上草帽，帽子上别了一把厨房找到的香菜，整个人散发着一种朴实优雅的田园气息。

漫漫黄沙，天空无边辽阔，荷西和三毛走在去小镇的寂静路上，身影显得异常渺小。

"你也许是第一个走路结婚的新娘。"荷西说。

"我倒是想骑匹骆驼呼啸着奔到镇上去，你想那气势有多雄壮，可惜得很。"我感叹着不能骑骆驼。

还没走到法院，就听见有人说："来了，来了。"一个不认识的人跳上来照相。我吓了一跳，问荷西："你叫人来拍照？""没有啊，大概是法院的。"他突然紧张起来。

走到楼上一看，法院的人都穿了西装，打了领带，比较之下荷西好似是个来看热闹的人。

"完了，荷西，他们弄的那么正式，神经嘛！"我生平最怕装模作样的仪式，这下逃不掉了。

"忍一下，马上就可以结完婚的。"荷西安慰我。

秘书先生穿了黑色的西装，打了一个丝领结。"来，来，走这边。"他居然不给我擦一下脸上流下来的汗，就拉着我进礼堂。再一看，小小的礼堂里全是熟人，大家都笑眯眯的，望着荷西和我。天啊！怎么会都知道的。

三毛和荷西坐好后，秘书先生开始讲话，但三毛没有细听，直到主持婚礼的法官叫她的名字——三毛女士，她才回过神来，反问一句："什么？"

法官请三毛站起来，又请荷西也站起来，这时三毛注意到这个穿着黑缎法衣的年轻法官，他拿纸的手正在发抖。

我轻轻地碰了一下荷西叫他看。这里沙漠法院第一次有人公证结婚，法官比我们还紧张。

"三毛，你愿意做荷西的妻子么？"法官问我。我知道应该回答——"是"。不晓得怎么的却回答了——"好！"法官笑起来了。又问荷西，他大声说："是。"我们两人都回答了问题。法官却好似不知下一步该说什么好，于是我们三人都静静地站着，最后法官突然说："好了，你们结婚了，恭喜，恭喜。"

婚礼仪式就这样戛然而止，三毛顿时放松下来，众人也上前握手祝贺，突然有人想起他们还没有互换戒指，三毛转过头，看到荷西已经到了走廊上。

我叫他："喂，戒指带来没有？"荷西很高兴，大声回答我："在这里。"然后他将他的一个拿出来，往自己手上一套，就去追法官了，口里叫着："法官，我的户口名簿！我要户口名簿！"他完全忘了也要给我戴戒指。

三毛与荷西的婚礼结束后，因为没有宴席，大家便各自散去。

新婚的两个人不知道接下来该做什么，荷西想去国家旅馆住一夜庆祝新婚，但力求节省的三毛宁愿回家去，于是两人又穿过广袤的沙地，走回家去。

家门外，一个很大的奶油蛋糕正等着他们，那是荷西的同事集体送的新婚礼物，蛋糕上立着一对穿西洋礼服的娃娃，新娘的眼睛还会张开闭上。

我童心大发，一把将两个娃娃拔起来，一面大叫："娃娃是我的。"荷西说："本来就是你的嘛！我难道还抢这个。"于是他切了一块蛋糕给我吃，一面替我补戴戒指，这时我们的婚礼才算真的结束了。

婚后的生活新天新地，荷西领到了早班乘车证、结婚补助和房租津贴，减了税。三毛也有了自己的社会健康保险，用她自己的话说，结婚的好处很多。

三毛有一架还算不错的相机，但结婚之后，相机便跟着她一起成了荷西的财产。蜜月旅行时，荷西和三毛直渡沙漠，他们找了一名向导，租了一辆吉普开到大西洋沿海附近，那是距离阿雍小珍一千多里的一片沙漠。

那个中午，我们慢慢地开着车，经过一片近乎纯白色的大漠，沙漠的那一边，是深蓝色的海洋。这时候，不知从什么地方飞来了一片淡红色的云彩，它慢慢地落在海滩上，海边马上铺展开了一幅落日的霞光……那是一大片红鹤，成千上万的红鹤挤在一起，正低头吃着海滩上的什么东西。

三毛连忙低声向荷西要相机，生怕惊走那些红鹤，但荷西已经举起相机，却发觉距离太远，于是他脱了鞋子向海湾跑去。当然，还没等他跑近，那片红云便升空而起，转眼不见踪迹。那一刹那的美丽，只能留在两人心底，成为终生不会淡忘的红色沙漠。

荷西口中的三毛，除了"Echo"，还有一个更有诗意的名字——撒哈拉之心——她对撒哈拉沙漠宛若前世记忆一般的情怀，她重归撒哈拉怀抱那激动的心情，只有这个名字能真切地展现出来。

与荷西结婚后，三毛在这片广袤的沙漠里开始了真正的新生活。甜而不腻的爱情，欢笑常在的家庭，将沙漠的荒凉抵挡在外。在荷西身边，她像是一颗鲜红明媚、充满活力的心脏，在撒哈拉跳出美妙的律动。在这里，她告别了记忆中满是灰绿的台湾雨季，张开双臂，迎接苍茫的漫天风沙，也开启了自己文学历程中最为辉煌灿烂的沙漠时代，让三毛这个名字代替陈平，被世人所熟知。

在文章里，三毛记录了沙漠种族撒哈拉威人全然不同的生活。住在帐篷里的家庭疲于迁徙，缺衣少药，因为缺少现代知识，他们甚至认为镜子和相机会摄取人的灵魂。居住在阿雍小镇周围的撒哈拉威全是富人，他们有骆驼和羊群，传统的地主拥有很多奴隶，就连三毛和荷西的邻居，也有经济实力雇佣地主家的奴隶修葺房屋。

但镇上的撒哈拉威人同时又是吝啬而自我的，他们会偷偷地用掉三毛家在天台水箱里的储水，女人和孩子会半是敲门半是硬闯地进到家里，向她借灯泡、洋葱、汽油、棉花、火柴、钉子、电线，当然，这些是不会归还的，会归还的有吹风机、熨斗和刀叉，还有一直在邻居之间轮转使用直到黄昏的水桶拖把。

最令三毛生气的是邻居家罕地警官的大女儿姑卡，她擅自拿走了三毛唯一一双搭配礼服的黑色高跟鞋，让三毛不得不打扮得"像个牧羊女一样"去参加荷西公司的酒会。

可是，当年仅十岁的姑卡被父亲嫁给手下的年轻警察，换得了二十万西币（合十三万多台币），当三毛看到姑卡经受了习俗中原始粗犷的迎亲和新婚仪式，她的心里却在滴血。在她无声的笔端，姑卡被唤作"娃娃新娘"，因为在三毛看来，这个天真快活的十岁女娃，根本不该遭遇如此的人生。

沙漠生活，让三毛对当地缠着深蓝色裹身布的人们越发了解。她曾经进到有泉水的当地浴室里，观察当地人如何洗澡，但面对那些几个月洗一次澡的撒哈拉威女人，三毛实在没有勇气与她们在一间桑拿房内共浴，而是掉头逃了出来。

沙漠的生活是清苦而拮据的，因为家里只有一口锅，三毛发明了菜饭，她将生米、菜和肉混在一起煮，一次出锅。母亲心疼三毛在沙漠受苦，默默地寄来了粉丝、紫菜、冬菇、生力面、猪肉干，这些特产让三毛惊喜不已，也帮她在沙漠开起了自家的"中国饭店"。

面对从未踏足过台湾的荷西，三毛给粉丝取了各种名字，她骗荷西说"粉丝煮鸡汤"里的粉丝是高山之巅冻住的春雨，"蚂蚁上树"里炸过的粉丝是钓鱼的尼龙线。当她将粉丝切碎，与搅碎的菠菜和肉混在一起包成东北合子时，荷西又将粉丝当成了昂贵的鱼翅，将三毛逗得哈哈大笑。

这些中式食品，让平淡的吃饭时间变得欢乐异常，三毛会谎称猪肉干是中药喉片，荷西会将卷寿司饭卷的紫菜当成复写纸。最惊险的一次，是荷西的大老板来家里吃饭，点名要"笋片炒冬菇"。三毛从容淡定，贤惠优雅地布置烛光餐桌，之后与老板夫妇共进了鲜嫩的"小黄瓜炒冬菇"，让事后得知真相的荷西惊呼大叫了好一会儿。

很多人想到沙漠，都是一片茫茫荒漠，单一的色彩，狂暴的热浪，无休无止的风，永远抹不去的孤独，但三毛这颗撒哈拉之心，却在这片沙地上，用追求自由的任性与坚强，打造出了让整个世界惊艳的生活。从此，世间那些渴望漂泊的灵魂，都有了新的向往，那一片阿拉伯语言中的"大荒漠"。

04 · 小白屋与鱼

　　沙漠里的生活，与众不同，惊天动地，身边的人圈子很小，故事的背景却可以扩展到天际线的那一端去。在这里，原始的、朴素的、欢乐的、痛苦的，撒哈拉威人与西班牙人的生活交揉一处，宛若两种截然不同的厚重颜料，在荒蛮的沙地上肆意泼洒，组合成绚烂的生命画作，让这片"没有花朵的荒原"，织成自己独一无二的情网。

　　三毛结婚时，家里有一个书架、一张桌子，卧室里有长排的挂衣柜，有彩色条纹的窗帘，厨房还有个放调料的小茶几。一个月的婚假，到三毛和荷西回到家时只剩下一星期，也正是这最后的一星期，让他们的家焕然一新。

　　他们将房子内外都粉刷得雪白，三毛用空心砖、木板和海绵垫做成长沙发，铺着白布的桌上放着竹帘卷、陶制茶具和棉纸灯罩的小灯，漆成褐色的书架上摆着三毛的朋友寄来的书籍，还有婚后第一个圣诞节时，两人从马德里公婆家搬回的荷西的藏书，墙上贴着书法和海报，再加上用油漆装饰的汽水瓶、骆驼头骨、插着荆棘的废弃水瓶、汽车轮胎改成的坐垫，让他们的家从破败的沙漠小屋变成了颇具文艺气息的别墅。

但三毛依旧不满足，她拉着荷西，扮作夜间谈情说爱的情侣去总督家的花园偷绿植，步行到很远的沙漠兵团福利社去买菜，再用省下来的钱买录音机和录音带。后来，家里慢慢地添置了床架子、电视和小洗衣机，屋顶的方洞也加了盖子，羊皮鼓、水袋、水烟壶、手织的彩色大床罩也走进了家门。

一次，三毛步行去镇上的途中，遇见了一个不知名的"撒哈拉威雕刻家"。

我去镇上唯一快捷的路径就是穿过两个撒哈拉威人的大坟场……我有一日照例在一堆堆石块里绕着走……这时，我看见一个极老的沙哈拉威男人，坐在坟边，我好奇地上去看他在做什么，走近了才发觉他在刻石头。

天啊！他的脚下堆了快二十个石刻的形象，有立体凸出的人脸，有鸟，有小孩的站姿……还刻了许许多多不同的动物，羚羊、骆驼……

我震惊得要昏过去，蹲下来问他："伟大的艺术家啊，你这些东西卖不卖？"

那个进行"粗糙感人而自然的创作"的老人似乎并不明白三毛的意思，三毛也懒得解释，直接拿起三个雕像，塞给老人一千块钱便拔脚向家跑去。老人见三毛跑开，连忙嚷着追赶三毛。三毛以为是钱给的不够，结果老人将她拉回去，又捡起两只鸟的石像塞进她的怀里。

三毛的"千金买石"引来邻居的嘲笑，但三毛却很爱那些石刻。第二天，三毛拿着荷西给的两千块再去坟场，但空旷的黄沙里只有石堆散落，烈日照耀下，前一日的老人就像一个鬼魂，杳然无踪。

于是，三毛将那几个石刻当作上天的礼物，与家里那些风沙聚合的石头摆在一起，让当地人俗称的"沙漠玫瑰"环绕着这无名氏的艺术品。

凭借三毛对艺术的敏感和热爱，他们的家用一年时间蜕变为一座艺术宫殿。荷西的同事里有不少单身汉，每到假期，他们都会到三毛和荷西家做客，吃三毛做的饭，也会将老家寄来的特产与夫妻两人分享。

荷西买回电视机时，他们的家已经非常整洁干净了，于是三毛关紧了房门，将那些自作主张在她家里上演"灾难电影"的邻居们拒之门外，哪怕她们用力地敲门叫嚷，她也坚决不肯开门。

家里的东西齐全了，三毛又转移了目光，想要"一匹白马"——白色的喜美汽车。在当时，分期付款已经非常流行，但荷西坚持要一次付清购车款，于是他们又开始新一轮的存钱计划。

等到荷西买了车子，我就爱上了这匹"假想白马"，常常带了它去小镇上办事。有时候也用白马去接我的"假想王子"下班。

为了家里的这匹白马，三毛到驾校报名考试，却撞见小镇上相熟的两名交警，直到这时，他们才发现三毛没有驾照。面对想要抓她无照驾驶的交警，三毛只能弃车走回家去，也因为这样，她想要迅速考下驾照的念头变得更加强烈。

她将带回去的资料全部背熟，又在笔试前找到主考官寻求帮助，照顾她一紧张就看不懂西班牙文的弱点。笔试通过后，她又顶着正午的炎热练车，在经历了两次场地考试后，终于成功地取得了驾照。

有了车子，三毛和荷西几乎每个假日都要出游，就连沙漠直渡也进行了好多次。旅行意味着花费大量金钱，当三毛将半年的收入和支出列成表单，荷西只能一边抱怨，一边无可奈何地打消节俭的念头。

在撒哈拉，除了当地人过的自在，欧洲人酗酒打架，单身汉自杀也时有发生，能像荷西和三毛一样努力乐观生活的人凤毛麟角。

"那么省，你不怕三个月后我们疯掉了或自杀了？"

荷西苦笑了一下："真的，假期不出去跑跑会活活闷死的。"

"你想想看，我们不往阿尔及利亚那边的内陆跑，我们去海边，为什么不利用这一千多里长的海岸线去看看？"

"去海边，穿过沙漠一个来回，汽油也是不得了。"

"去捉鱼呀，捉到了做咸鱼晒干，我们可以省菜钱，也可以抵汽油钱。"我的劲一向是很大的，说到玩，决不气馁。

第二个周末，我们带了帐篷，足足沿着海边去探了快一百里的岩岸，夜间扎营住在崖上。

第一次捕鱼，他们收获了十条新鲜的大鱼，整桶的海菜和贝壳，三毛甚至脱下长裤，将裤管打结装了近四十只螃蟹，满载而归。

那次的收获三毛并没有做咸鱼，而是叫来荷西住单身宿舍的同事到家里一起分享。于是后来，捕鱼变成了几辆车共同出行的集体露营活动。为此三毛与荷西还新添置了很多露营用具，这样下来，不仅没有省钱，反而还多出不少开销。

又一个星期六，荷西和三毛凌晨四点半开车出门，八点多到了高崖上，开始那一天的捕鱼大业。

清晨八点多，太阳刚刚上来不久，我们已经到了高崖上。下了车，身后是连绵不断神秘而又寂静的沙漠，眼前是惊涛裂岸的大海和乱石，碧蓝的天空没有一丝云雾，成群的海鸟飞来飞去，偶尔发出一些叫声，更衬出了四周的空寂。

荷西潜水捕鱼，三毛在岸上将鱼收拾干净，整齐地装在口袋里。她的手刺破了，膝盖也跪得生疼，过了很久，荷西才筋疲力尽地回到岸上。

那天他们捕到三十多条大鱼，加起来大约有六七十公斤，他们将鱼拉回镇上，又忙着趁新鲜将鱼卖掉。

车子先是停在国家旅馆外，经理要他们走边门到厨房找负责人去谈，国家旅馆的厨房以五十块一公斤的价钱买下了十条鱼，之后交给他们一张账单，告诉他们过了十五号就可以去账房收钱。随后他们去了当地著名的"娣娣酒店"，又问了沙漠军团的炊事兵，却没能再卖出一条鱼。

热情的炊事兵建议他们在邮局门口卖鱼，于是三毛与荷西就在下午五点的邮局门口，支起小黑板，写上"鲜鱼出售，五十块一公斤"，坐在街对面的人行道上害羞地等着。

生意没有等到，却等来了荷西的一个单身汉同事，这个粗线条的好兄弟问明情况，拖起荷西和三毛站到车边，他更是提了一条鱼在手里，大声叫卖起来。

在这个同事的帮助下，他们的鱼以七十五块一公斤的价格卖光，一共赚了三千多，当他们数完钱想要感谢荷西的同事时，发现他已经离开了。

　　那天晚上，筋疲力尽的三毛本想简单地煮一包面吃，但荷西坚持要去外面吃，于是他们又回到了国家旅馆。

　　国家旅馆是西班牙官方办的，餐厅布置的好似阿拉伯的皇宫，很有地方色彩，灯光很柔和，吃饭的人一向不太多，这儿的空气新鲜，没有尘土味，刀叉擦得雪亮，桌布烫得笔挺，若有若无的音乐像溪水似的流泻着。我坐在里面，常常忘了自己是在沙漠，好似又回到了从前的那些好日子里一样。

　　但这里的菜价也贵的惊人，正当三毛压低声音提醒荷西吃便宜的菜时，荷西的一个上司走了过来，要和他们结伴吃饭。做上司习惯了的人，通常不记得照顾别人的感受，他自作主张地为三个人点了新鲜的鱼……

　　餐厅部的领班就是中午在厨房里买我们鱼的那个人，他无意间走过我们这桌，看见荷西和我正用十二倍的价钱在吃自己卖出来的鱼，吓得张大了嘴，好似看见了两个疯子。

　　付账时我们跟荷西的上司抢着付，结果荷西赢了，用下午邮局卖鱼的收入付掉，只找回来一点零头。我这时才觉得，这些鱼无论是五十块还是七十五块一公斤，都还是卖的太便宜了，我们毕竟是在沙漠里。

　　第二天，两人睡到很晚才起床，三毛煮了咖啡，之后将前一天的衣服扔进洗衣机。荷西躺在床上感慨他们还有国家旅馆的账可以收，不然周六一整天就全白忙乎了。直到这时，三毛才猛然记起，国家旅馆的那张收账单被她装进了长裤口袋，而长裤，已经在洗衣机里翻滚了。

就这样，在沙漠小镇漂亮的小白屋子里，他们的最后一条鱼也跟着流水跑的无影无踪了。

05　那年多灾亦欢乐

世界上没有第二个撒哈拉了，也只有对爱它的人，它才向你呈现它的美丽和温柔，将你的爱情，用它亘古不变的大地和天空，默默地回报着你，静静地承诺着对你的保证……

三毛在撒哈拉沙漠度过了两年时光，沙漠的贫瘠和生活的艰难在她的面孔上留下刮痕，却不能伤害她的心脏，那是她与荷西交换过的，跳动在胸怀中的金子做的心脏，有荷西在，一切都写满了幸福与欢乐。

一次假日，三毛与荷西开车回家，在镇外遇见一名通讯社的记者，他的车子完全陷进沙里。三个人用了近一个小时的时间，才帮忙将车子救回坚硬的路面上。

那时，这片西属撒哈拉沙漠正在面临被瓜分的政治动荡，各国都派来记者，驻扎在国家旅馆，以便第一时间进行报导。

三毛与荷西谢绝了那名记者在国家旅馆一起用餐的邀请，结果不到半个月之后，这名记者带着一个朋友登门拜访。

我一个人在家，听见有人在窗外说："不会错，就是这一家，我们试试看。"

我打开门来，眼前站的就是那个我们替他推车的人。

他手里抱了一束玻璃纸包着的大把——"天堂鸟"。

另外跟着一个朋友，他介绍是他同事。

"我们可以进来吗？"很有礼貌地问。

"请进来。"

我把他的花先放到厨房去，又倒了冰汽水出来。

我因为手里托着托盘，所以慢步地在走。

这时我听见这个外国人用英文对另外一个轻轻说："天呀！我们是在撒哈拉吗？天呀！天呀！"

我走进小房间时，他们又从沙发里马上站起来接托盘。

"不要麻烦，请坐。"

他们东张西望，又忍不住去摸了我坟场上买来的石像。也不看我，啧啧赞叹。

一个用手轻轻推了一下我由墙角挂下来的一个小脚踏车的锈铁丝内环，这个环荡了一个弧形……

他们不由自主地称赞着，说这是他们见过的最美丽的沙漠家庭。最后，他们请求了很久，想要买一个无名艺术家雕刻的石像，三毛考虑片刻，挑选了一只身上有淡红色的石鸟给他们，当作花束的回礼，换回了两名到访者的千恩万谢。

最美丽的沙漠之家的名字因此传开，很快，又有一名荷兰人慕名而来，想要拍摄他们的家，为他接下来要制造的撒哈拉威人宿舍区提供素材。争得两人的同意后，他来到三毛与荷西的家中，拍了很多照片，拍完后，这个荷兰人又好奇地问起他们家最初的样子。

我给他看了第一个月搬来时的一卷照片。

他走时对我说："请转告你的先生，你们把美丽的罗马造成了。"

我回答他："罗马不是一天造成的。"

人，真是奇怪，没有外人来证明你，就往往看不出自己的价值。

我，那一阵，很陶醉在这个沙地的城堡里。

但这片沙漠，在它烈焰般热情的背后，也有着骇人的冷酷一面，那些难以预料的危险和无人呼救的绝境，总在风沙中埋伏前行，哪怕是对它无限依恋的"撒哈拉之心"，也一样难逃其魔掌。

1974 年 6 月，三毛在台湾《联合报》上第一次以"三毛"这个笔名，发表了小说《中国饭店》，也就是在那个夏天，她捡到了最可怕的死亡诅咒。

那是在回教斋月即将结束的周末，邻居们都在杀羊和骆驼，准备迎接开斋节。星期日的下午，三毛为了阻止两个小男孩打架，看到了一条项链。

它用麻绳串着，由一个小布包、一个心形果核和一块铜片组成，三毛将项链放在家门口，等人来认领，但没人拿走项链。

这种铜片我早就想要一个，后来没看见镇上有卖，小布包和果核倒是没看过。想想这串东西那么脏，不值一块钱，说不定是别人丢掉了不要的，我沉吟了一下，就干脆将它拾了回来。

因为小布包和果核都有怪味，三毛便只留下了那个铜片，它是锈红色的，非常光滑，周围镶着白铁皮，和其他人挂的不一样。三毛拿去污粉洗净铜片，用粗丝带将它挂在了脖子上。没有想到，正是这个铜片，引发了接下来的大灾难。就在那一天里，三毛经历了用科学无法解释的现象，先是录音机绞带，接着她开始连续打喷嚏到流鼻血，极度眩晕和呕吐、眼睛红肿、胃痛到眼前发黑……

我坐起来，又跌下去，痉挛性的剧痛并不停止。我叫哑了嗓子，胸口肺里面也连着痛起来，每一吸气，肺叶尖也在抽筋。这时我好似一个破布娃娃，正在被一个看不见的恐怖的东西将我一片一片在撕碎。我的眼前完全是黑的，什么都看不见，神智是很清楚的，只是身体做了剧痛的奴隶，在做没有效果的挣扎。我喊不动了，开始咬枕头，抓床单，汗湿透了全身。

荷西跪在床边，焦急得几乎流下泪来，他不断地用中文叫我在小时候只有父母和姐姐叫我的小名——"妹妹！妹妹！妹妹——"

我听到这个声音，呆了一下，四周一片黑暗，耳朵里好似有很重的声音在爆炸，又像雷鸣一样轰轰地打过来，剧痛却一刻也不释放我，我开始尖叫起来，我听见自己用中文在乱叫："姆妈啊！爹爹啊！我要死啦！我痛啊——"

我当时没有思想任何事情，我口里在尖叫着，身上能感觉的就是在被人扭断了内脏似的痛得发狂。

三毛被荷西送到沙漠军团的医院，所有的疼痛都莫名其妙地消散了，只有眼睛还肿着。回去的路上，他们的车子刹车失控，最后撞进沙堆才勉强脱险，回到家门口。接着，三毛的手指被车门夹住，被荷西抱进屋之后又开始大出血，邻居罕地警官夫妇闻讯赶来帮忙，这才发现三毛脖颈上的铜片。

在他们的大叫声中，荷西抓住铜片扯断了丝带，罕地马上用鞋将铜片打下来。顿时，三毛之前轻的仿佛羽毛一般的身体再次有了实感，变的沉重起来，接着，她想到了煮在炉子上的咖啡壶。

幸好他们发现及时，荷西将三毛带到屋外，关掉煤气，又按照罕地的指示用石子围住那个诡异的铜片。当天晚上，三毛与荷西住在朋友家，后来他们才知道，那是沙漠南方的一种最毒最厉的巫术符咒，能将平时身体上的缺点和小毛病无限放大，取人性命。荷西的同事告诉三毛，若不是她将果核和布包扔掉，在她戴上项链的时候就会一下死掉。

后来，那块诡异的铜片被交到当地回教的教长手中处理，三毛亲眼看到老人"用刀子剖开二片夹住的铁皮，铜牌内赫然出现一张画着图案的符咒"。

还有一次，荷西开车载着三毛在黄昏时分离开小镇，打算到一百多公里外的地方寻找乌龟和贝壳化石，他们成功地穿过了最容易迷路的"迷宫山"沙丘群，却很快开进了一片笼罩着雾气的湿泥低地。

为了安全起见，荷西下车在前面跑，由三毛开车，正是这个举动，让荷西在几秒中之内陷进泥沼，虽然他抱住了附近的一块石头，却险些冻死在夜晚的沙漠里，三毛更是在向路过的三名撒哈拉威男人求救时，遭到他们的袭击，狼狈逃脱。当她开着车在迷宫山里甩掉对方的吉普车，回到低地时，荷西几乎冻的昏厥过去。

三毛将车后座的垫子和轮胎扔在泥沼中，最后又将自己的长裙割成带子，救出了荷西，再将卸下的车轮装回去。就这样，只穿了内衣裤的三毛，载着双腿冻伤虚弱不堪的荷西勉强逃生。

即便如此，倔强的两人依然不会放弃之前的打算。

"三毛，还要化石么？"荷西呻吟似的问着我。

"要。"我简短地回答他。"你呢？"我问他。"我更要了。"

"什么时候再来？"

"明天下午。"

在三毛的眼中，沙漠永远是壮美而温柔的，哪怕物质缺乏，气候严酷到一日几变，这里依旧是她心灵的故乡。家信中的言辞宛若身在天堂，文章里的讲述尽显幽默诙谐，那份愉快和对生活的信心，是撒哈拉之心的鲜活血液，在遇见荷西之后，在抵达撒哈拉之后，真正畅快淋漓地在生命中奔流起来。

06 哭泣的骆驼

三毛的沙漠生活是多彩的，除了荒凉的风沙，还有炊烟缠绕着人情，人们从她的文字间看到了不同凡响的生活，也因此记住了三毛这个名字。沙漠时期的文字造就了最为热烈辉煌的三毛，但给予三毛磨砺与养分的沙漠，彼时早已不复宁静祥和，距离她与荷西告别沙漠的日子，也越来越近了。

这一片被世界遗忘的沙漠突然地复杂起来。北边摩洛哥和南边毛里塔尼亚要瓜分西属撒哈拉，而沙漠自己的部落又组成了游击队流亡在阿尔及利亚，他们要独立。西班牙政府举棋不定，态度暧昧，对这一片已经花了许多心血的属地不知要弃还是要守。

那时候，西班牙士兵单独外出就被杀，深水井里被放毒药，小学校车里找出定时炸弹，磷矿公司的输送带被纵火，守夜工人被倒吊死在电线上，镇外的公路上地雷炸毁经过的车辆——

这样的不停的骚乱，使得镇上风声鹤唳，政府马上关闭学校，疏散儿童回西班牙，夜间全面戒严，镇上坦克一辆一辆地开进来，铁丝网一圈一圈地围满了军事机关……

一向平静的小镇开始有人在贱卖家具，航空公司门口每天排长龙抢票，电影院、商店一律关门，留驻的西国公务员都发了手枪，空气里无端的紧张，使得还没有发生任何正面战争冲突的小镇，已经惶乱不安了。

在任何动荡面前，最坚强的是人，最脆弱的却也是人。三毛，作为中国历史有记录以来踏上撒哈拉的第一位女子，同时也是在战乱中撤离撒哈拉的最后四名外籍女子之一。在这片曾经宁静的沙漠上，她见证着那些熟悉的朋友各自散去，或意外，或逃亡，或叛变，甚至是惨死在她的眼前……

三毛与荷西曾经在坟场上发现过一个醉酒的军人，正被撒哈拉威人围住取乐，他们赶走当地人，好心将他送回军营。后来应朋友请托，三毛到沙漠军团福利社买牛奶，又遇见了那名军人，这时三毛才注意到他的衣服上带着军曹的标志。

这名军曹将三毛的牛奶搬上车，开车送三毛回家，当他发现三毛与旁边开小杂货店的撒哈拉威人是朋友，他的脸色阴沉下来，目光冷漠鄙夷，甚至不愿听三毛的解释，也不肯告诉三毛自己的名字，而那个年轻的撒哈拉威人看到军曹，就像看到凶神一样，埋头只顾搬牛奶。

后来三毛才知道，十六年前，那名军曹所在的军团遭到撒哈拉威人的突袭，全军覆没，只有他一个人喝醉酒倒在营地外，侥幸活了下来。

所有撒哈拉威人都知道他，都惧怕他，但就是这名军曹，在小镇的动荡时期，为了保护几个撒哈拉威小孩被炸弹炸死。他埋葬在沙漠军团的公墓里，但那里已经无人与他做伴，兄弟和战友的遗体早已提前运往安全的地方，只有他留下来，葬在这片他又爱又恨的土地上。

镇上医院的助产士沙伊达是一名撒哈拉威女子，她十六七岁时成为孤女，被医院的修女收养，接受了西式教育。因为生的美丽，沙伊达遭到当地纨绔子弟阿吉比等人的纠缠，又与年轻警察奥菲鲁阿出入亲密，再加上信仰的不同，当地人对她颇多非议，但三毛却很喜欢沙伊达，她会时常到医院找沙伊达聊天，也会由衷地称赞她的娴静美丽。可是，三毛在心里总觉得奥菲鲁阿配不上沙伊达。

那段时间，小镇的气氛极度紧张，面对摩洛哥的瓜分意图，游击队活动频繁，镇上和军营的墙壁被人一夜间写满标语，全是"西班牙狗滚出我们的土地——撒哈拉万岁，游击队万岁，巴西里万岁"，就连邻居不懂事的孩子也会说"游击队杀荷西，杀三毛"。

就是在这样的环境里，奥菲鲁阿请求荷西和三毛在周末时开车送他出镇，进大漠与在帐篷里居住的家人团聚。

"鲁阿，星期天我们带你出镇，傍晚了你保证我们回来，不要辜负了我们朋友一场。"荷西沉着气慢慢地说。

"不会，真的是家人相聚，你们放心。"鲁阿在荷西的肩上拍了一把，极感激诚恳地说着。这件事是讲定了。

"鲁阿，你不是游击队，怎么保证我们的安全？"我心事重重地问他。

"三毛，我们是真朋友，请相信我，不得已才来求你们，如果没有把握，怎么敢累了你们，大家都是有父母的人。"

我见他说得真诚，也不再逼问他了。

检查站收去了三个人的身份证，我们蓝色的两张，奥菲鲁阿黄色的一张。

"晚上回镇再来领，路上当心巴西里。"卫兵挥挥手，放行了，我被他最后一句话，弄得心扑扑地乱跳着。

"快开吧！这一去三个多钟头，早去早回。"我坐在后座，荷西跟鲁阿在前座，为了旅途方便，都穿了沙漠衣服。

"怎么会想起来要回家？"我又忐忑不安地说了一遍。

"三毛，不要担心，这几天你翻来复去就是这句话。"奥菲鲁阿笑了起来，出了镇，他活泼多了。

"沙伊达为什么不一起来？"

"她上班。"

"不如说，你怕她有危险。"

"你们不要尽说话了，鲁阿，你指路我好开得快点。"

在灰茫茫的天空里，橘色的太阳初升，车子穿越苍茫凄凉的沙漠，终于在放晴时抵达了奥菲鲁阿家褐色的大帐篷。

那一天，鲁阿的五个哥哥回来了，三毛从未见过这些兄弟，他们与荷西和三毛友好地握手问好，但当他们走进帐篷，脱下外袍，露出的却是沙漠游击队的衣服！

鲁阿的哥哥握住荷西的手，向他解释，是他们想要认识三毛与荷西。于是在那个特别的下午，撒哈拉游击队与一对西班牙夫妇在沙漠里携手劳作，相谈甚欢。

回去的路上，三毛与荷西才得知，鲁阿英俊出众的二哥就是那个"凶猛无比的游击队领袖，撒哈拉威人的灵魂"巴西里，而沙伊达正是巴西里的妻子。

后来的故事，成为政治上的一笔历史。

10 月 17 日，海牙国际法庭对西属撒哈拉问题做出裁决，他们取得了自决权利。当天晚上，还在欢庆的阿雍小镇人民收到电台广播："摩洛哥国王哈珊，召募志愿军，明日开始，向西属撒哈拉和平进军。"

18 日，原本只招募三十万的摩洛哥军队，得到了两百万人的签名，说着"十月二十三日，拿下阿雍"，开始向距离阿雍只有四十公里的边界进发。

21日，西班牙政府开始紧急疏散居民，22日，邻居罕地家的屋顶平台升起了摩洛哥国旗，大女儿姑卡的丈夫离家投靠了游击队，其他人家也陆续升起摩洛哥旗帜，沙漠军团和游击队都在边界前线，荷西的磷矿公司日夜加班帮忙撤退军队军火，对岸加纳利群岛的西班牙民船都开来待命。

荷西将三毛的机票拜托给公司的总务主任，临走前又交代三毛要沉着勇敢，注意安全。

22日夜里，沙伊达带着巴西里来到三毛家，他专程回来看望沙伊达，但镇上已经全是摩洛哥的间谍和倒戈的当地人，巴西里只坐了很短的时间便离开了，沙伊达留在三毛家过夜。

第二天，摩洛哥人没有来，但巴西里与沙伊达四岁的孩子要跟随医院的嬷嬷一起离开，沙伊达坚持去医院上班。当天下午，三毛从放哨的西班牙小兵口中得知，巴西里被撒哈拉威人袭击杀害，沙伊达被当作告密者抓捕，要在当晚审问。

那天晚上，阿吉比等人在骆驼屠宰房前"审讯"沙伊达。

八点多钟我听见屋外一片的人潮声，人家沉着脸，脸上看不出什么表情，有走路的，有坐车的，都往镇外远远的沙谷边的屠宰房走去。

我上了车，慢慢地在撒哈拉威人里开着，路尽了，沙地接着来了，我丢了车子下来跟着人走。

八点半不到，一辆吉普载着沙伊达来了。三毛想要上前，却根本挤不过人浪，她看到沙伊达被阿吉比抓着头发从车上拖下来，被人撕破了衣衫的前襟，阿吉比开始用当地语讲话。

因为沙伊达是天主教徒，强暴她不算犯罪，但围观的人没人上前，依旧是阿吉比那一伙七八个人，扯掉沙伊达的裙子，在众人面前施暴。

我死命地推着前面的人，那几步路竟似一世纪的长，好似永远也挤不到了……沙伊达惨叫的哭声像野兽似的传来……我要叫，叫不出来，要哭哽不成声，要看，不忍心，要不看，眼睛又直直地对着沙伊达动都不能动……不要……我听见自己的声音哑不成声地在嚷着……

这时我觉得身后有人像一只豹子似的扑进来，扑过人群，拉开一个一个人，像一道闪电似的扑进了场子里，他拉开了压在沙伊达身上的人，拖了沙伊达的头发向身后没有人的屠宰场高地退去，鲁阿，拿着一支手枪，人似疯了一般，吐着白沫，他拿枪比着要扑上去抢的人群，那七八个浪荡子亮出了刀。

人们开始惊呼和逃跑，三毛想要上前，却被人潮推回，只听见沙伊达狂叫着要鲁阿杀了她，几声枪响，人们奔逃起来，三毛摔在地上，接着周围突然空旷了。

　　三毛看见阿吉比他们扶着一个人在上车，看见地上有两具尸体，沙伊达趴着，孩子脸的鲁阿张着眼睛，好像正要向沙伊达爬过去，三毛蹲在远远的沙地上，听不到风声，看不清他们，只有屠宰房里骆驼的嘶叫悲鸣，沙漠的骆驼在哭泣，沙漠的三毛在哭泣……

　　那天晚上，荷西公司的总务主任来找三毛，告诉她第二天早上九点接她去机场，而原本为沙伊达留下的位置，再不会有人同行。

　　窗外的沙漠，竟像冰天雪地里无人世界般的寒冷孤寂，突然看见这没有预期的凄凉景致，我吃了一惊，痴痴地凝望着这渺渺茫茫的无情天地，忘了身在何处。

　　一切都变的寂静空洞，三毛与荷西在沙漠的小白屋，也将随着变动消逝，从此只留存在三毛的文字和记忆中。

第九章 梦里花落知多少

01 · 另一个开始

在混乱的局势下，三毛离开了阿雍小镇，前往大加纳利岛，借宿在朋友家中。接下来，是整整十天的等待，因为通信中断，电话不通，荷西已经完全失联。三毛每天到机场去等，向下飞机的人询问荷西，她每天要抽掉三包烟，不吃不睡，混混沌沌，满心都是焦虑和担忧。

1975 年 11 月 1 日下午，荷西来了。

三毛离开后，荷西白天上班，晚上回家收拾东西，他不但人来了，车来了，三毛的鸟、花、书、父母的一大箱子信件、餐具、厨房和洗浴用具、电视、照片、骆驼头骨、化石以及三毛母亲从台湾寄来的特产，也全部运了过来，就连一条床单也没有丢下。带不走的冰箱、床、地毯和洗衣机被他卖掉，赚了一万多，临走之前，他还特意给生计堪忧的罕地一家送去八千元西币。

在阿雍那种人挤人，人吃人（已无水十五日、无车、无食物、无汽油、无药），人争着抢上飞机的情况下，他独自逃去海边，睡了两夜露天，等船来。军舰来了，不带，恰好有一条船卡住了，非潜水夫不能开，他说："我下水去替你们弄，你们不但要带我走，而且我所有满满一车的东西也要带上。"结果他奇迹似的出现在我眼前，我们相抱痛哭一场，我是喜极而泣，他看见我，口袋里马上掏出大堆钱来给我看。

荷西到达的当天傍晚，他们便从一对瑞典夫妇手中租好住处，那是一幢坐落在海边，从窗口就能望见海的漂亮房子，一室两厅，家具齐全，还有一个小小的园子。这片有四十多种国籍居民的海边社区远离城市，幽静祥和，环境与撒哈拉沙漠相比，宛若乐园。

此地静的没有邮差，小分局邮局每日开半小时，自去取信……海边在十分钟下坡路，空旷无一人迹。

我们住的四周，是瑞典人、荷兰人、法国人、英国人，对面是一小小的超级市场，有煤气，每日牛奶、面包送到门口，一星期结账一次……邻居不来往，有教养而亲切，跟西班牙的风格大不相同……附近有一个小镇，镇上全部是西班牙人，人和气的像在天堂上……是糖做的一群老百姓，太好太好太和平的人了。

虽然大加纳利岛环境宜人，但三毛与荷西的生计问题亟待解决，荷西先是在新家度过了一个月的假期，之后在十二月初回到公司，打算在摩洛哥接管后继续工作，但他只去了四天，便在十二月五日回到大加纳利岛，公司停工，荷西正式失业。

1976 年初，加纳利群岛开发尚浅，以旅游业为主，很少需要荷西这样的专业潜水工程师，虽然他们向全世界的大型石油公司写信求职，三毛甚至写信给蒋经国，询问是否能为荷西找一份工作，但这些努力都未见收效，荷西只能再回撒哈拉工作，周末时再搭飞机回家。

一次，三毛在散步中出了车祸，荷西得到消息，连忙辞掉工作，回到大加纳利岛照顾三毛。养好了车祸造成的皮外伤，三毛因子宫瘤引发的情绪性失血却一直没有好转，她的身体日渐虚弱，却又怕荷西知道，每次流血不止，她便躺在床上，在身下放好毛巾，静静地躺着。

那段时间，三毛不断写稿，用稿费贴补家用。就这样熬到五月，《撒哈拉的故事》出版了，这本近距离描写沙漠生活的随笔故事轰动文坛，很快《雨季不再来》也结集出版，三毛这个名字仿佛是撒哈拉刮起的风暴，漂洋过海，席卷台湾。

虽然吃着父母寄来的蜂王浆，又前后进行了两次手术，但三毛的出血症状依旧不见好转，加上她的书在台湾大热，三毛决定回一次台湾，这是她因未婚夫骤然离世仓皇出国后第一次返乡。这一次，她独自一人，荷西不肯与她同归，借口是机票很贵。

荷西不能一起回家，让三毛感到很遗憾，但回想起荷西在她初到撒哈拉沙漠时说过的话，她又释然了，他会义正言辞地让三毛将父亲的钱存起来，要求她用他赚的薪水过日子，自然不愿在失业时用三毛的稿费与她一起回家探亲。

1976年6月，三毛再一次踏上故土，但她不再是陈平，也不再是 Echo，而是成为了媒体争相报道的"小说家三毛"。她对这样的变化很不适应，以至于走在街上被人们唤作"三毛"时，她都不知道是在叫自己。

多年的浪迹天涯，让三毛一时间难以适应台湾的生活，就连家乡的语言也变的不再熟练。

在第一天清晨醒来时，她向母亲不自觉地讲西班牙文，问说："现在几点钟？"她讲了三遍，母亲听不懂，这才打手势，作刷牙状。等她刷好牙，用国语说："好了！脑筋转出来了，可以讲中文了。"

经历了两年的沙漠生活，三毛早已不再是早年青春靓丽的模样，用她自己的描述是"人老了很多""眼眶都挂下来了"，皮肤也被晒成了深棕色，但这种沧桑并不能掩盖三毛身上的欢乐和满足。她那种时髦的、充满异国风情的打扮，配上明亮有神的眼睛、黑漆漆的麻花辫，举手投足间是女子少有的豪情与自信。在她的身上洋溢着自然与真实，就连参差不齐的牙齿都让她的笑容显得更加开朗纯真，透出孩童般的灵动，很难想象，她是一个刚刚经历过贫穷、战乱和疾病的女子。

这次治病期间，三毛参加了由余光中发起的"现代诗与音乐结婚"的民歌活动。那一次，余光中的作品是家喻户晓的《乡愁四韵》，而三毛上交的作品则名为《橄榄树》，并由作曲家李泰祥谱曲。这首歌在当时并没有被人注意，直到 1979 年它成为电影《欢颜》的主题曲。

在台湾的医院住了一段时间，出血的病症却没见好转。对三毛来说，父母所在的故乡自然温暖，但有荷西的地方，才是真正属于她的家。三毛的父亲将她送到朱士宗大夫的诊所，朱大夫为她配制了六十颗药丸，正是这批带回加那利群岛的中药，治好了三毛的"流血之症"。

回台湾不到两个月，三毛便飞回大加纳利岛，这一次，她决定与荷西在这里定居。

加纳利群岛地处非洲西北的大西洋上，是《荷马史诗》中提到的藏有金苹果的美丽仙岛，但到了三毛的时代，这里已经建起了现代建筑和摩天大楼，成为西班牙的免税自由港。事实上，在三毛与荷西刚刚逃出撒哈拉，住进新租的房子不过十天时间，三毛的婆婆便带着姐姐一家老小来旅行购物，整整住了一个月的时间。

让三毛感慨的，是中西方父母之间的巨大差异。荷西的家人对荷西的职业和前途绝口不问，自然也不会出手相助。不仅如此，在他们来访的一个月里，三毛还要从早忙到晚地照顾一家人的饮食起居。

三毛累到委屈，她也像其他妻子一样向荷西抱怨，但这抱怨自然是没有用的，于是三毛只能硬着头皮坚持下去，等到婆婆和姐姐一家人欢乐美满地离开，荷西自然又变成她一个人的了，她可以不再照顾孩子，不再烤蛋糕，可以放肆地大笑，可以过回原来的生活。

也许这便是三毛与荷西婚姻的基石，在婚姻里，他们都是一整片的叶子，而不是对方的另一半，荷西有着固化的大男子主义精神，婚后依旧活的自在轻松，而三毛亦不是温柔的女子，身上穿的永远是方便行动的牛仔裤，无论如何都不像个主妇，以至于很多人看到他们都觉得两人不像夫妻，就连旅行时入住旅馆也要被反复查看证件，中国传统中常说的夫妻相，更是与他们绝缘。

结婚以前大胡子问过我一句很奇怪的话："你要一个赚多少钱的丈夫？"

我说："看得不顺眼的话，千万富翁也不嫁；看得中意，亿万富翁也嫁。"

"说来说去，你总想嫁有钱的。"

"也有例外的时候。"我叹了口气。

"如果跟我呢？"他很自然地问。

"那只要吃得饱的钱也算了。"

他思索了一下，又问："你吃得多吗？"

我十分小心地回答："不多，不多，以后还可以少吃点。"就这几句对话，我就成了大胡子荷西的太太……

其实婚前和婚后的我们，在生活上并没有什么巨大的改变。荷西常常说，这个家，不像家，倒像一座男女混住的小型宿舍……

我们结合的当初，不过是希望结伴同行，双方对彼此都没有过分的要求和占领……有时候，我想出去散散步，说声"走了"，就出去了，过一会自会回来。有时候早晨醒了，荷西已经不见了，我亦不去瞎猜，吃饭了，他也自会回来的……

偶尔的孤独，在我个人来说，那是最最重视的。我心灵的全部从不对任何人开放，荷西可以进我心房里看看、坐坐，甚至占据一席；但是，我有我自己的角落，那是："我的，我一个人的"。

结婚数年后，三毛反观自己的婚姻，写下了《大胡子与我》，正如她所说，再浪漫的爱情，结婚后交谈的无非也是"鸡零狗碎的琐事"，但他们又与一般的夫妻不同。

　　他们为对方留下了自由的空间，甚至怀揣着若有来世会与其他人结婚，尝试不同生活的想法。这种相伴若疏离的状态，让他们在婚前生活中各自的乐趣得以持久保鲜，也让棱角磨合的日子变的不那么焦虑难熬。

　　三毛与荷西，在马德里寒冷的冬雪中相识游玩，在酷热的沙漠里结婚成家，又在风景如画写满传说的加纳利群岛，凭借自己的双手，合力创造他们"开放式婚姻"生活的另一个开始，在夫妇之间小小的天地里，品味满满的人生。

02 ⁻ 加纳利群岛逍遥叹

一般人都以为，加纳利群岛是西班牙在非洲的属地，其实它只是西国在海外的两个行省而已。

在圣十字的丹纳丽芙省里面，包括了拉歌美拉，拉芭玛，伊埃萝和丹纳丽芙这四个岛屿。而拉斯巴尔马省又划分为三个岛，它们是富得文都拉、兰沙略得和最最繁华的大加纳利岛，也就是目前荷西与我定居的地方……

大加纳利岛的芭蕉、烟草、番茄、黄瓜和游客，都是它的命脉，尤其是北欧来的游客，他们乘着包机，成群结队而来，一般总是住到三星期以上，方才离开，老年的外国人，更是大半年都住在此地过冬。

三毛与荷西居住的沿海社区住着一百多户人家，白色的平房沿着山坡，一直建向平静的小海湾。这里"终年不雨，阳光普照，四季如春"，三毛家附近的海湾更是人迹罕有。

这一片地方安详得近乎荒凉，望着一排排美丽的洋房和番茄田，我常常不相信这儿有那么多活着的人住着。

我们从车上搬东西进新家去的那一天，每一幢房子里都有人从窗口在张望，不到一个月，这条街上的邻居大部分都被我们认识了，早晚经过他们的家，我都叫着他们的名字，扬扬手，打个招呼，再问问他们要不要我们的车去市场买些什么东西带回来。偶尔荷西在海里捉到了鱼，我们也会拿绳子串起来，挨家去送鱼给这些平均都算高龄的北欧人，把他们的门敲的砰砰地响……

现在的生活安静朴素级了，每天穿一件比基尼游泳装随处可去，衣服实在用不着，今日我打扮了一下，不过是一件牛仔裤衣，已算很好了。荷西平日亦是短裤赤膊，此地住家人人如此，非常省衣服钱。

在这里，三毛并没有感受到老年人的寂寞和悲凉，她遇见来自瑞士的原小学老师，和她一样的"拾荒同道"希伯尔，遇见比她还要健走的德国老夫妇，她从邻居老人那里学会了种花的技术，与来自瑞典的义务清道夫——一个每天用抹布打扫社区街道的老人一起捡起落花，见证了义务零工老艾力克的暮年之恋，遭遇了精明善谈的卖花妇人，陪伴孤独无依的瑞典老人加里度过了生命中最后的日子……

在三毛的笔下，生活总能呈现出最美好的欢乐的姿态，但那段时间，他们常常要依靠失业保险和三毛的稿费生活。荷西也曾经尝试与朋友合作承包工程，却因为入不敷出而不了了之。在逃离撒哈拉沙漠之后近一年的时间里，两人每天只吃一顿正餐。

1976年10月，在离开撒哈拉沙漠一年后，荷西在加纳利群岛找到装配海底电缆的工作，两人再次成为周末夫妻。除去吃住和机票费用，荷西的工资所剩无几，但他们的生活开始稳定下来。

1977年2月，三毛与荷西从大加纳利岛乘船出发，先到丹纳丽芙岛，开着小车，带好帐篷，开始了他们的环岛逍遥游。

到了丹纳丽芙岛，当地刚好在举行嘉年华会，丹纳丽芙是西班牙唯一盛大庆祝嘉年华会的省份，荷西也为三毛买了玫瑰红的假发戴上，混进人潮中。

荷西和我挤在人群里什么也看不见，只有小丑的帽子在我们眼前慢慢地飘过，没过一会儿，荷西蹲下来，叫我跨坐到他肩上去，他牢牢地捉住我的小腿，我抓紧他的头发，在人潮里居高临下，不放过每一个人的表情和化装。几乎每隔几队跳着舞走过的人，就又有一个鼓笛队接着，音乐决不冷场，群众时而鼓掌，时而大笑，时而惊呼，看的人和舞的人打成一片，只这欢乐年年的气氛已够让人沉醉，我不要做一个向隅的旁观者，坐在荷西的肩上，我也一样忘情地给游行的人叫着好、打着气。

接着，他们将车子留在丹纳丽芙岛，乘船来到拉歌美拉。这里落败寂寥，海港旁的小镇只有三四条街，连电影院都没有，却流传着口哨传音的技巧。

在三毛的旅程中，最美的是富饶的多山之地拉芭玛岛。这里的海港小城优雅而殷实，建筑古老，沿街阳台的窗口鲜花怒放，钟楼教堂祥和宁静。在拉芭玛岛上，三毛与荷西遇见了热心的长途公车司机。为了让他们欣赏更多的山区风光，司机将车开出主要公路，穿过松林慢慢地前行，车上的当地人也没有抱怨，于是这辆大巴一会儿行驶在高山上，一会儿又开过海边，不时在景色秀丽的地方停下来，让三毛与荷西下车观赏。

六个小时的大巴，三毛与荷西来到终点站，天空飘起细雨，两个人沿着小径走到一片山谷包围的小平原，白色的杏花漫山遍野，仿佛迷雾一般，雾中还零星地散布着红瓦白墙的人家。

当两个人在杏花树下悠闲地坐好，开始吃东西时，却遇见了一个中年女人，她一边惊呼"好漂亮的一对人"，一边扑上前，一把扯走了三毛的一小撮头发，紧接着荷西的胡子也被揪走几根。那个女人很快跑掉了，但她带给三毛与荷西的惊吓却一直跟随他们回到海港小镇。

从拉芭玛岛返回丹纳丽芙之后，三毛与荷西又开车去雪山上的国家公园露营，结果三毛受了风寒，只能先回家中休息一星期，之后再去兰沙略得岛。

兰沙略得岛是黑色的火山之岛，岛上火山口密集，捕鱼业十分发达，于是他们租了一个小客栈的房间，方便荷西下海捕鱼。在当地人的推荐下，三毛与荷西又去了北部的附属小岛拉加西奥沙，那是一座满是渔民的很小的岛，但那里有极美的海底景色。

荷西为什么选择了海底工程的职业，在我是可以了解的。他热爱海洋，热爱水底无人的世界，他总是说，在世上寂寞，在水里怡然……

"三毛，水底有一个地道，一直通到深海，进了地道里，只见阳光穿过飘浮的海藻，化成千红万紫亮如宝石的色彩，那个美如仙境的地方，可惜你不能去同享，我再去一次好吗？"荷西上了岸，晒了一会太阳，又往他的梦境里潜去。

我没有去过海底，也不希望下去，这份寂寞的快乐，成了荷西的秘密，只要他高兴，我枯坐岸上也是甘心。

在那个只有一百多人的小岛上，三毛与荷西度过了天堂一般悠闲的时光。当他们结束旅程，乘坐大船回到游客比居民还多的大加纳利岛，看着车水马龙的嘈杂场面，忽而感受到大梦初醒时的茫然和无奈。

这次旅行十分逍遥，但那时的三毛还不知道，从她踏上加纳利群岛那天开始，她的生活，荷西的生命，便与这里结下了永恒的契约。他们不仅在这里工作、定居，他们的心和魂梦，都会永远留在这片风光绝美的群岛上。

环岛旅行结束后，荷西在朋友的介绍下，远赴尼日利亚，加入一家德国潜水公司，在港口打捞沉船，但这家公司的合伙经理汉斯吝啬而"精明"，不仅拖欠薪水，还将荷西的护照和潜水执照全部扣下，之前说好的家属宿舍更是成为云台楼阁，荷西没办法离开，每天十四小时以上的工作，让他整个人变的疲惫而消瘦。

1977 年 4 月，三毛拖着患病的身体，先飞马德里申请去尼日利亚的签证，之后返回大加纳利岛。5 月 1 日，三毛飞抵尼日利亚，与荷西的经理汉斯展开了一场漫长的讨薪斗争。

5 月 23 日，在荷西工作将近四个月之后，三毛拿着不到一个月的工资回到大加纳利岛，荷西依旧没有休假。但善恶终有报，三毛回到大加纳利岛后不久，汉斯便出了车祸，断手断脚，同行的荷西只是轻微擦伤。

这份尼日利亚的工作，荷西坚持了八个月，回到加纳利群岛后，荷西在丹纳丽芙岛找到了新的工作机会——在十字港修建人造海滩，三毛也跟着荷西一起搬到丹纳丽芙岛居住。

他们的家在山坡顶上，向前的大玻璃窗外面，是从青山上一路星罗棋布到海边的小白房子，后窗能望见山谷与远处的海面。黄昏时分，墙下的金银花散发出香气，荷西下工回家。这时，三毛会离开家，穿过大片的芭蕉园，沿着海岸走到十字港散步。

1977年年底，耗时一年的人造海滩建成了。新年夜，三毛与荷西一起坐在堤旁，从黄昏直到子夜，当烟火四起，新年钟声敲响，在荷西的环抱中，三毛伴着钟声，许下十二个"但愿人长久"的愿望。

荷西由堤防上先跳下地，伸手接过跳落在他手臂中的我。

我们十指交缠，面对面地凝望了一会儿，在烟火起落的五色光影下，微笑着说："新年快乐！"然后轻轻一吻。

我突然有些泪湿，赖在他的怀里不肯举步。

新年总是使人惆怅，这一年又更是来得如真如幻。许了愿的下一句对夫妻来说并不太吉利，说完了才回过意来，竟是心慌。

"你许了什么愿。"我轻轻问他。

"不能说出来的，说了就不灵了。"

我勾住他的脖子不放手，荷西知我怕冷，将我卷进他的大夹克里去。我再看他，他的眸光炯炯如星，里面反映着我的脸。

"好啦！回去装行李，明天清早回家去啰！"

他轻拍了我一下背，我失声喊起来："但愿永远这样下去，不要有明天了！"

"当然要永远下去，可是我们得先回家，来，不要这个样子。"

　　一路上走回租来的公寓去，我们的手紧紧交握着，好像要将彼此的生命握进永恒。

　　而我的心，却是悲伤的，在一个新年刚刚来临的第一个时辰里，因为幸福满溢，我怕的悲伤。

03 · 离岛的沉沦

1978 年的第一天清晨，三毛与荷西乘坐渡轮回到大加纳利岛，等待他们的是灰尘满室、野草齐膝的家。

他们度过两个多月的悠闲生活，荷西便收到电报，要他火速去拉芭玛岛报到，那里正在建设新的机场和港口。荷西当天便上任了，一星期之后，三毛将杂物交给货船托运，自己乘飞机到拉芭玛岛与荷西会合。

当飞机着陆在静静小小的荒凉机场时，又看见了重沉沉的大火山，那两座黑里带火蓝的大山。

我的喉咙突然卡住了，心里一阵郁闷，说不出的闷，压倒了重聚的欢乐和期待。

荷西一只手提着箱子，另一只手搭在我的肩上向机场外面走去。

"这个岛不对劲！"我闷闷地说。

"上次我们来玩的时候你不是很喜欢的吗？"

"不晓得，心里怪怪的，看见它，一阵想哭似的感觉。"

三毛说不出为什么，但再度踏上拉芭玛岛，她只觉得隐隐地心慌，在看不清的未来里，有漆黑冰冷的暗影在等待着她。

他们居住的小城依山傍海，市集只有两条街，居民两万人，没有空房出租，于是三毛与荷西找了一室一厅的公寓旅馆。这个新家花费了荷西收入的一大半，但对于他们来说，能够每日相守才是这世上最珍贵的事。

那段时间的生活极为快乐，但同时，脊髓、坐骨神经的疼痛不断折磨着她，心绞痛也开始发作，她悄悄地去看医生，检查结果却是很正常。直到一次半夜去看恐怖片，跑回家的路上她的心绞痛突然发作，荷西才知道。

那段时间，三毛也常常做梦，几年来的同一个梦，独自旅行的梦。梦里她一个人，被影子一般的亲人围着，无法交流，她被不知名的力量推着向一片空虚中走去，她被吸入银灰色的通道，穿过弧形的洞，来到一个欧式的老火车站，从六号月台上车，一个红衣的女子在送她，还对她说了一句中文。

第一次做这个梦，三毛还在丹娜丽芙岛，搬到拉芭玛岛之后，这个古怪的梦便更加频繁而紧急地出现，她总在火车进入昏暗的隧道时惊醒，总有一种一去不回的感觉。

三毛一向很相信灵异的感官，这一次，她觉得自己会先一步离开人世，于是她悄悄地找公证人立下遗嘱，表面却没事一样每天过着宁静的生活。

平日里荷西下班后，他们会坐在黄昏的阳台上，对着大海吃饭下棋，看星星从海中升起。周末和朋友一起游玩的次数也减少了，两人常常是开车到海边去露营，带着头灯摸黑捉螃蟹，在浪潮声中拼命地呼喊对方。

荷西外表豪放，实际却是个敏感的人，他察觉到三毛的异样，一有时间就从海边工地跑回家。若是三毛不在家，他便到街上的店铺去找。早上三毛买过菜，也会骑着邻居的单车到码头去找荷西，和他一起坐在堤边，或是看着他浮出水面，再沉回海中，她那痴心的样子，惹得助手有一天问起了他们结婚有多久了。

"再一个月就六年了。"我仍是在水中张望那个已经看不见了的人，心里慌慌的。

"好成这个样子，谁看了你们也是不懂！"

转眼到了结婚纪念日，那天荷西比平时晚些回家，吃饭时，他送给三毛一块有罗马字的经典女士手表，那是他用加班的钱买来的。

结婚六年之后，终于有了一只手表。

"以后的一分一秒你都不能忘掉我，让它来替你数。"荷西走过来双手在我身后环住。

又是这样不祥的句子，教人心惊。

那一个晚上，荷西睡去了，海潮声里，我一直在回想少年时的他，十七岁时那个大树下痴情的孩子，十三年后，在我枕畔共着呼吸的亲人。

我一时里发了疯，推醒了他，轻轻地喊名字，他醒不全，我跟他说："荷西，我爱你！"

"你说什么？"他全然地骇醒了，坐了起来。

"我说，我爱你！"黑暗中为什么又是有些呜咽。

"等你这句话等了那么多年，你终是说了！"

"今夜告诉你了，是爱你的，爱你胜于自己的生命，荷西——"

那边不等我讲下去，孩子似的扑上来缠住我，六年的夫妻了，竟然为着这几句对话，在深夜里泪湿满颊。

有时，三毛会突然说起若是自己死了，要荷西再娶。也会在海边坐着，伸手摸摸荷西便流下眼泪。荷西不明就里，只说这个岛对三毛不合适，第一期工程结束后便不再续约，他们一起回家去了。

只有我心里明白，我没有发疯，是将有大苦难来了。

那一年，我们没有过完秋天……

一直以为是我，一直预感的是自己，对着一分一秒都是恐惧，都是不舍，都是牵挂。而那个噩梦，一日密似一日地纠缠着上来……

夜复一夜，我跌落在同样的梦里不得脱身。在同时，又有其他碎片的梦挤了进来。

有一次，梦告诉我：要送我两副棺材。

我知道，要有大祸临头了。

然后，一个阳光普照的秋日，荷西突然一去不返。

我们死了，不是在梦中。

早在丹纳丽芙岛时，三毛便开始研究做饺子，她的技术日新月异，很快就能独自做出各种馅料多样造型的饺子。一次，在她忙着揉面做饺子时，收到了《爱书人》杂志的邀稿信，希望她写一篇主题为"假如你只有三个月可活，你要怎么办？"的稿子。

之前每次与荷西相互问起要怎么死时，三毛都说自己不死。看到那封邀稿信，荷西非常好奇，想要知道三毛的答案，三毛却回答，她不写，因为她要替荷西做饺子。

我又继续地揉面，荷西突然将他的手绕着我的腰，一直不肯放开……我死劲地想走开，他还是不肯放手，"你这个人怎么这么讨厌……"话正说了一半，我猛然一回头，看到他整个眼睛充满了泪水，我呆住了，他突然说："你不死，你不死，你不死……"然后又说："这个《爱书人》杂志我们不要理他，因为我们都不死。""那么我们怎么样才死？"我问。"要到你很老我也很老，两个人都走不动也扶不动了，穿上干干净净的衣服，一齐躺在床上，闭上眼睛说：'好吧！一齐去吧！'"

然而，荷西并没有等到这一天，他在婚后的第六年猝然离世，留下三毛独自流浪人间。

那年夏天，三毛的父母打算到欧洲旅行，在这之前，三毛先陪他们在西班牙游玩两个星期，之后一家三口抵达加纳利群岛，与荷西度过了整整一个月的和谐时光。

荷西努力改变西班牙称伴侣的父母为先生、太太的习惯，克服了自己的羞涩，将三毛的父母唤作爸爸妈妈，他努力地练习英文，却在见到三毛的父母后紧张的一句话都说不出，只能低头拼命地提行李装车子。

车子发动时我催他："荷西，说说话嘛！你的英文可以用，不会太差的。"他就用西班牙文说："我实在太紧张了，我已经几个晚上没睡觉了，我怕得不得了。"那时我才明白，也许一个中国人喊岳父、岳母为爸爸妈妈很顺口，但一个外国人你叫他喊从未见过面的人为爸、妈，除非他对自己的妻子有太多的亲情，否则是不容易的……

我和荷西曾约定只要我俩在一起小孩子还是别出世……当我的父母来了一个月后，荷西突然问："你觉不觉得我们该有一个孩子？"我说："是的，我觉得。"他又说："自从爸爸妈妈来了以后，家里增添了很多家庭气氛，我以前的家就没有这样的气氛。"

有一天在餐桌上，我与父母聊得愉快，荷西突然对我说，该轮到他说话了，然后用生硬的英语说："爹爹，你跟Echo说我买摩托车好不好？"荷西很早就想买一辆摩托车，但要通过我的批准。听了他这句话，我站起来走到洗手间去，拿起毛巾捂住眼睛，就出不来了。从荷西叫出"爹爹"这个字眼时，我相信他与我的父母之间又跨进了一大步。

如荷西所愿，摩托车买了回来，只骑了不到一个月，三毛便陪着父母一同去欧洲旅行。

荷西送他们到机场，他安慰三毛的母亲，约定第二年的一月在台北机场见面。

我们坐的是一架小型的螺旋桨飞机……上飞机前，我站在机肚那里看荷西，就在那时，荷西正跳过一个花丛，希望能从那里再看到我们。上了飞机，我又不停地向他招手，他也不停地向我招手。

三毛的旁边坐着一位太太，她很自然地问起荷西，说起自己是来探望儿子的。在她递过的名片上，三毛看到她的名字后面写着"某某人的未亡人"，那是西班牙特有的风俗，三毛当时感到那几个字让她心里很难受，但那时的她没有想到，就在收到名片的两天后，她自己也成了那样的身份……

从此，拉芭玛岛之于三毛，有了另一个名字——离岛。

04 每一处都是流浪

1979 年 9 月 30 日，中秋节的第二天凌晨，刚刚与荷西分别两天的三毛得知了丈夫意外遇难的消息。在父母的陪同下，三毛赶回拉芭玛岛。

荷西的尸体被打捞出来，放在墓园旁边的一个小房间里，但三毛不能相信荷西已经死了，她将父母和朋友留在外面，独自走进小屋，看向棺材里的人。

那实实在在是荷西没有错，他身上还穿着心爱的潜水衣。三毛没有大哭大叫，而是走上去，像平常一样握住荷西的手。

我跟他讲，我说，荷西，以我的经验或者我们共同的经验，好像你死的时候，你要经过一个黑黑的隧道。你不要怕，我上有高堂，我有父母，我不能跟你一起走，可是你不要怕。我握住你的手，你勇敢地走过去，虽然我不在你身边。这个隧道过去以后，那边有光，神会来接你。过几年我再来赴你的约会……

讲的时候，他已经过世两天了……可是我讲完这些话的时候，他的双眼里面，流出鲜血来。他的嘴，也流出鲜血来……

我一面擦我的眼泪，一面擦他的血。同一条手帕，跟他这样，血泪交融，就好像万年前的那个初夜……

四支白烛，我握住你冰凉苍白的双手，静静地度过了我们最后的一夜，今生今世最后一个相聚相依的夜晚。

荷西下葬时，三毛拼命叫着他的名字，疯了一样抱着棺木死死不肯放手。葬礼结束后，她被注射镇静剂强制休息，但强大的悲痛驱散了药效，她依旧不断地叫着"荷西回来"。

最难熬的日子，是三毛的父母陪伴着她，将她一次次从绝望的深渊边缘拉回到现实中。

荷西的墓地选在高岗上，那是他与三毛经常路过的地方。那里有方的纯白的厚墙，种着杉树，镶花的铁门很古老。那里看得见山坡下荷西最后工作的地方，还有小镇与大海。三毛每天清晨到墓园，一直坐到夜影昏暗，坐到守墓人拿着挂在铜环上的古老的钥匙，催促她离开。

三毛行尸走肉一般回到镇上租来的公寓，却依旧不吃不喝，将自己关在卧室里，而客厅里的父母，同样一片哀伤死寂。

一天中午，三毛从墓园下来，望着人流发呆。

不时有认识与不认识的路人经过我，停下来，照着岛上古老的习俗，握住我的双手，亲吻我的额头，喃喃地说几句致哀的语言，然后低头走开。我只是麻木地在道谢，根本没有在听他们，手里捏了一张已经皱得不成样子的白纸，上面写着一些必须去面对的事情……

那些要为荷西办理的后事，三毛只要想一下便会觉得心脏刺痛。就在这时，她看到了自己的父母，他们穿着整齐，母亲手里还拿着一把黄色康乃馨，那是他们找了很久，才在巷子里的花店买到的，他们打算去看荷西，却坚持不让三毛开车去送。三毛看着他们走向上山的公路，那是两个悲愁的身影，还有一束黄花。

一直站在那里想了又想，不知为什么自己在这种情境里，不明白为什么荷西突然不见了，更不相信自己的眼睛——我的父母竟在那儿拿着一束花去上一座谁的坟，千山万水地来与我们相聚，而这个梦是在一条通向死亡的路上遽然结束。

我的眼睛干干的，没有一滴泪水，只是在那儿想痴了过去。

当黄昏时分，三毛回到墓园，发现父母带来的康乃馨放在了旁边一座老太太的新坟上，这在三毛看来，也是冥冥中的定数。很快，三毛为荷西做了一块墓碑，简单的十字架，厚厚的墓志牌上，只写着"荷西·马利安·葛罗——安息。你的妻子纪念你。"

她不敢告诉父母，独自一人去取十字架和木栅栏，她要一个人为荷西做坟。

要一个人去搬那个对我来说还是太重的十字架和木栅栏，

要用手指再一次去挖那片埋着荷西的黄土，喜欢自己去筑他永久的寝园，甘心自己用手，用大石块，去挖，去钉，去围，替荷西做这世上最后的一件事情。

那天的风很大，车道旁堤防上的浪花高高飞溅，人行道上也满是海水打散的雾气，就在这片风和水雾里，三毛看到了自己的母亲。

母亲腋下夹着皮包，双手提着两个很重的超市口袋，几乎快要蹲下去拖着步子走路，三毛猛地在母亲身上看到了憔悴与悲伤。她那总是弄不清街道的母亲，一个人在语言不通的异乡，拿着超市口袋，沿着行车大道走到市场附近，再指着袋子向人打听。

即使海边风大浪急，母亲依旧不肯让三毛送她回去。在失去荷西的悲痛中，三毛被母亲的背影再一次刺痛到无法呼吸。她的愧疚与悔恨，支撑她在失去荷西的日子里，用尽全力活下去，以慰藉日益老迈的父母。

之后不久，三毛跟随父母回到台湾。临走前，三毛再一次来到墓园，坐在地上，双手环抱着十字架，说着"荷西安息"，说着"你只是睡了"。她带走了荷西坟上的一抔黄土，看着坟前的玫瑰，想到一瞬间花落人亡，三毛悲从中来，恨不能将地上的黄土挖开，将荷西挖出来。她被父母拉起来，哭着带走了。

我不敢挣扎，只是全身发抖，泪如血涌。最后回首的那一眼，阳光下的十字架亮着新漆。你，没有一句告别的话留给我。

那个十字架，是你背，也是我背，不到再相见的日子，我知道，我们不会放下。

三毛跟着父母回到台湾，那时的她几乎每天每时都挣扎在自绝于世的边缘。这时，与三毛早有来往的琼瑶硬是将她约到自己家中。那一天，三毛穿着漆黑的丧服，带着一束鲜红的苍兰上门，那一天，琼瑶用了整整七个小时的时间坚持劝说，甚至不肯放她走，只为了逼三毛承诺不自杀。三毛终于点头同意了，琼瑶便要她向父母也做出承诺。

正是琼瑶的这次逼迫，正是那个并不甘心许下的承诺，让三毛得到生命的下一次机会。

回到台湾后，已经是名人的三毛时常被邀请去参加演讲。因为她人在台湾，编辑催稿变的更加容易，她的作品也越来越多，但这些都不能让三毛感到快乐。渐渐地，她开始厌恶那个人们口中眼中信中的"三毛"，她希望自己是拥有安静生活的陈平，是朋友身边的 Echo，唯独不想去做"三毛"。

于是在 1980 年的春天，三毛先是到香港和东南亚，之后回台湾，再从桃园机场出发，开始了自己的旅行。

机场里，父母亲人送行的场面，不知为何让三毛再次跌入那个反复出现的梦里，她匆匆地走进出境室，不敢回头，因为她害怕看见梦中亲人模糊的没有五官的面孔。

这一次，三毛先到瑞士的法语区洛桑，那里有女友负责接待和照料她。就在洛桑，三毛见到了梦中的车站。当她从洛桑前往瑞士的德语区看望朋友时，正是从梦中的 6 号月台登上火车，而送行的女友穿着红衣，帮三毛托运行李箱，当火车缓缓开动，她飞奔而来将行李票递给三毛，而三毛则盯着她，等她说一句中文。

风来了，速度来了，梦也来了。

女友跟着车子跑了几步，然后站定了，在那儿挥手又挥手。

这时，她突然笑吟吟地喊了一句话："再见了！要乖乖的呀！"

对三毛来说，洛桑是个重要的启程站，从此她便永远是独自一人。当她终于参透了曾经的梦与眼下的现实，心内的冰天雪地也化作杏花烟雨，在春寒料峭中落泪。

之后，三毛在维也纳见到了做音乐的二堂哥，又回到西班牙。在这个见证了三毛幸福回忆的国度，三毛见到了荷西的家人。在三毛看来，一家人里只有妹妹伊丝帖是真正关心她，希望她好好活下去的，而荷西的父母最关心的，则是她与荷西在大加纳利岛的房子，因为荷西没有遗嘱，房子的产权有一半属于他的父母。

可是，当伊丝帖为三毛抱不平时，三毛却只是淡淡地说了一句人生如梦，她不愿去争，也不愿过分苛责给予了荷西骨肉的公婆。那个午后，在公园的秋千上，三毛答应伊丝帖第二天便脱下身上的黑衣，因为伊丝帖的心疼，更因为她们都明白，荷西不喜欢的。

我这一生，虽然爱过很多个男子，但是我跟着荷西的时候，我觉得，我好像是他唯一的女人，他也是我唯一的男人……

对于三毛来说，失去荷西便是失去了家园，从此，无论她走到哪里，都是一个人的流浪，也正因为如此，三毛再一次回到了加纳利群岛。

那一次，三毛穿着荷西生前喜欢的彩衣，千山万水地赶回拉芭玛岛，买了鲜花去看荷西。

短短几个月时间，墓木拱起，十字架朽木般陈旧，就连荷西的名字也淡的看不清了，三毛放下鲜花，跑回小镇买来亮光漆、刷子和粗芯的签字笔。

就在她重返墓园时，遇见一个穿黑衣的太太来捡骨，三毛代替她检查丈夫的骸骨，代替她签字，自己却吓得全身发冷发抖，想到五年后自己要面对荷西的白骨，三毛感到心如死灰。

一个人平静了许久，三毛才重新走回荷西的墓前，她用签字笔沿着刻好的木槽缝写着"荷西·马利安·葛罗。安息。你的妻子纪念你"，之后开始涂亮光漆。

不愿去想五年后的情景，因为在她的心里，荷西永远是活着的。她一遍一遍地涂着油漆，为她与荷西做一个新的十字架。当她感到疲倦时便靠在荷西的墓旁，没有眼泪和恸哭，只是靠着，就像过去的年年月月。

我慢慢地睡了过去，双手挂在你的脖子上。远方有什么人在轻轻地唱歌——

记得当时年纪小

你爱谈天

我爱笑

有一回并肩坐在桃树下

风在林梢鸟儿在叫

我们不知怎样睡着了

梦里花落知多少

第十章 亲爱的三毛

01 · 不死鸟

　　三毛在大加纳利岛的孀居生活大约过了一年，她独自打扫房子，照料花园，到镇上取信，和朋友去山里打猎，还要去办理荷西的遗产分割手续，那些日子里，邻居与好友的陪伴，成为她抵御孤寂的唯一武器。

　　1981 年 5 月，三毛受邀回到台湾，参加金钟奖的颁奖仪式，西班牙的朋友们为她送行，纷纷送上给三毛父母的礼物。

　　回到台北的家，感受到父母的温情，三毛却依旧感到内心寒凉，因为虽然走的是荷西，但作为他的妻子，三毛已经是一个心如寂地、应亡而未亡之人，正如她自己所写："结婚以前，在塞哥维亚的雪地里，已经换过了心，你带去的那颗是我的，我身上的，是你……埋下去的，是你，也是我。走了的，是我们。"

　　许多个夜晚，许多次午夜梦回的时候，我躺在黑暗里，思念荷西几欲疯狂，相思，像虫一样慢慢地啃着我的身体，直到我成为一个空空茫茫的大洞。夜是那样的长，那么的黑，窗外的雨，是我心里的泪，永远没有滴完的一天。

　　我总是在想荷西，总是又在心里自言自语："感谢上天，今日活着的是我，痛着的也是我，如果叫荷西来忍受这一分钟又一分钟的长夜，那我是万万不肯的。幸好这些都没有轮到他，要是他像我这样地活下去，那么我拼了命也要跟上帝争了回来换他。"

　　一次深夜的闲谈，三毛突然对父母说："如果选择了自己结束生命的这条路，你们也要想的明白，因为在我，那将是一个更幸福的归宿。"

　　母亲听了这话，眼泪迸了出来，她不敢说一句刺激我的话，只是一遍又一遍喃喃地说："你再试试，再试试活下去，不是不给你选择，可是请求你再试一次。"

　　父亲便不同了，他坐在黯淡的灯光下，语气几乎已经失去了控制，他说："你讲这样无情的话，便是叫爸爸生活在地狱里，因为你今天既然已经说了出来，使我，这个做父亲的人，日日要活在恐惧里，不晓得哪一天，我会突然失去我的女儿。如果你敢做出这样毁灭自己的生命的事情，那么你便是我的仇人，我不但今生要与你为仇，我世世代代要与你为仇，因为是——你，杀死了我最最心爱的女儿——"

　　这时，我的泪水瀑布似的流了出来，我坐在床上，不能回答父亲一个字，房间里一片死寂，然后父亲站起来慢慢地走出去。

母亲的脸，在我的泪光中看过去，好似静静地在抽筋。

从那时起，三毛忽然明白，自己有责任为了父母活下去。若她走在前面，留给父母的，便是她当下正在品尝和体味的痛苦。因为爱，所以会牵挂，会不舍，于是三毛将自己比作一只不死鸟，没了翅膀，没了羽毛，也失去了比翼的另一半，但只要父母将她视为珍宝，只要他们不愿她死去，便不可放弃。

三毛没能如自己盼望的那样走在父母后面，但在后来的日子里，她拼尽全力让父母放心，拼尽全力，在没有荷西的世界里活下去。

9月里，在顾福生离台二十年后回来办画展期间，三毛再一次见到了恩师。在他离开台湾的最后一天，三毛郑重地梳起头发，穿上平时绝不上身的从巴黎带回的丝衣服，与顾福生一同喝晚茶。

那个擦亮了我的眼睛，打开了我的道路，在我已经自愿淹没的少年时代拉了我一把的恩师，今生今世原已不盼再见，只因在他的面前，一切有形的都无法回报，我也失去了语言……

恭恭敬敬地坐在恩师对面，连椅背都没感到可以去靠一靠。桌子边，要送给他的，是一口袋的书——我交的成绩。

那是今生最后一次见他了——我猜。分别时，向他微笑着，日本女子似的微微弯下身，轻轻地讲了一声："老师，你是我的恩人。"

10月，在高雄的"文艺季"活动中，三毛首次进行正式的公开演讲。11月，得到《联合报》的赞助，三毛带着经费，与负责摄影的米夏一同出发，开始中南美洲的旅程。

半年时间里，三毛将足迹留在了十二个国家的土地上。她的身体并不强健，但每到一处，她必定要深入考察，尤其是最能代表当地人民生活的场所：市场、书店、公共厕所。

这次旅行是艰辛的，在洪都拉斯，三毛因为饮用水问题得了急性肠胃炎，躺了整整两天才勉强止住疼痛，因为劳累引起的发烧，长途步行磨出的血泡，因为无法洗澡饱受蚊虫和虱子的叮咬。

在厄瓜多尔，古印加帝国的都城高原，三毛被高原病折磨，但在这里，她也唤醒了自己作为一个印第安人的前世，她相信自己曾经是一名药师的孙女哈娃，就算这一世做了东方人，她的灵魂依旧属于印第安种族。

到1982年5月，三毛结束了在中南美洲的采访，回到台湾。很快，她走遍万水千山的故事付梓成册，这本充满异域风情的书一如当年《撒哈拉的故事》，引起了极大轰动，三毛收到大量的邀请，开始在台湾各地进行演讲。

很快，三毛接受了母校校长张其昀先生的聘请，回到中国文化学院执教，这一次，三毛在中文系文艺创作组开设"小说创作"与"散文习作"两门课程。

开学前的暑假，三毛再一次回到大加纳利岛，却听说她与荷西之前的朋友夏依米夫妇因为妻子巴洛玛的病情严重，搬回了西班牙巴洛玛的老家。这对夫妇是三毛与荷西在沙漠时的朋友，后来又搬来加纳利群岛，夏依米更是三毛与荷西的婚礼证人。

得知夏依米夫妇的情况，三毛提前离开大加纳利岛，到马德里寻找，之后又试着向巴洛玛娘家的村庄附近发电报，终于联络上两人。她到巴洛玛的娘家住了几日，才飞往瑞士，之后回到台湾，再次开始了自己的老师生涯。

这是三毛第二次踏上文化学院的讲台，她的课总是有很多学生来听，不仅因为她是知名作家，更因为她那丰富灵活的教学内容，热情洋溢又轻松幽默的授课风格。

起初，三毛只答应了张其昀先生一年的课程，但当她被学生包围，受到他们的欢迎和爱戴时，三毛决定坚持下去，虽然她的身体每况愈下，虽然她每天要回复将近二十封信，还有演讲和座谈，还要挤出时间阅读和写作……

凭借版税收入，三毛的经济算是有了一定基础，此时距离荷西去世，已经过去三年之久。经济日渐起色，三毛除了买书、捐赠，也开始存钱。她又买了"一匹白马"，和原来一样的白色喜美汽车，周末时她会开车回家看父母，也会独自一人开车到距离台北不远的海边去，在无人的海滩静静地躺着，什么都不去想。

因为在文化学院任教，三毛在僻静的阳明山上分到了一间自己的宿舍，她的宿舍只有一桌一椅一床，还有很多很多的书。

除了日常写稿和回信，《讲义》杂志还专门开设了"亲爱的三毛"专栏，后来台中明道中学的刊物《明道文艺》也开设了"三毛信箱"专栏，三毛会将回复读者的信写成文章发表，但这样一来，留给她自己的时间就更少了，在很长一段时间里，三毛每天只能睡四个小时。

1984 年年初，三毛被流行性感冒纠缠，日夜狂咳，仿佛机关枪一般无法停止。寒假时，三毛请原来的老同学代课到春假，她独自到美国加州进行了六个星期的休息和治疗，回到台湾后又开始了拼命一样的生活，感冒与咳嗽并没有因为休假而结束，而是从寒假一直持续到妇女节、劳动节……

许多外县市的座谈会，往往是去年就给订下的，学校的课，一请假就得耽误两百个莘莘学子，皇冠的稿件每个月要交，还有多少场必须应付的事情和那一大堆一大堆来信要拆要回……讲完课回到台北父母的家里，几乎只有扑倒在床上的气力……

但是，讲座依旧要去，只要人还爬得起来。母亲实在心疼三毛，鼓起勇气自告奋勇要代替她去，父亲更是气的与三毛吵了起来。

"你要不要命？你去！你去！拿命去拼承诺，值不值得？"

"到时候，撑起来，可以忍到一声也不咳，讲完了也不咳，回来才倒下的，别人看不到这个样子的——"

"已经第七十四场了，送命要送在第几场？"

"不要讲啦——烦不烦的，你——"

"我问你要不要命？"这是爸爸的吼声，吼得变调，成了哽咽。

"不要，不要，不要——什么都要，就是命不要——"做女儿的赖在床上大哭起来，哭成了狂喘，一气拿枕头将自己压住，不要看爸爸的脸……

梦里面，五马分尸，累的叫不出来，肢体零散了还听见自己的咳声。

到1984年6月底，三毛整整进行了一百场演讲，之后便不再应允演讲和座谈邀请。两个学期的时间，她整整失掉十四公斤体重，就连三毛自己也意识到，如果再不停下来，她只有死路一条，哪怕她是一只不死鸟。

那个学期没能教完，美国的医生就叫我速回加州去开刀。我走了，搬出了教职员宿舍，搬去母亲借我住的一幢小公寓去。把书籍安置妥当，和心爱的学生道了再见。

02 · 在人间

1984 年底，三毛从美国回到台湾，一个人住在"名人世界"公寓。

"名人世界"的八楼真是好风好水，邻居中有的在航空公司做事，有的在教钢琴，有的教一女中，有的在化工厂做事。有的爱花，有的打网球，李玉美下了班就写毛笔字。这些好人，都知道我的冰箱绝对是真空的，经过我的门口，食物和饮料总是源源不断地送进来"救济难民"……

住在那幢大楼里是快乐的。我一直对父母说："从管理员到电梯里的人，我都喜欢。妈妈，如果我拼命工作存钱，这个公寓就向你和爸爸买下来好不好？"他们总是笑着说："你又绝对不结婚，也得存些钱养老。妈妈爸爸的房子给小孩子住也是天经地义的，安心住着，每天回家来吃晚饭才是重要，买房子的事不要提了。"

1985 年 2 月，三毛到之前认识的赖一辉教授家做客，却一眼看中了他们即将出售的房子，因为她的钱都在西班牙，三毛当天晚上便向父亲求助，又带着父母去看那房子。就这样，三毛买下了赖家的房子，自己设计，并委托文化学院美术系的学弟进行室内装修。

直到新买的房子装修结束，三毛才对"名人世界"的邻居告别。

大家还是难过了。没有办法，连我自己。

过了两个晚上，左邻、右舍、对门，全都涌到家里来。他们，一样一样的东西替我包扎，一包一包的书籍为我装箱，一次一次替我接听永远不给人安宁的电话，说——三毛不在家……

那一天，六月一日中午，一九八五年。全家人全部出动，包括小弟才五岁的女儿天明，一边在"名人世界"，一边在育达商校的那条巷子，跟着搬家公司，一趟一趟的在烈日下穿梭。星期天，老邻居也当然过来递茶递水。

我，好似置身在一个中国古老的农业社会里，在这时候，人和人的关系，显出了无比的亲密和团结。

1985 年是三毛最忙碌的一年，《倾城》即将出版，还要推出读者通信集《谈心》与诗集《随想》，同时还要翻译朋友丁松青神父的新书《墨西哥之旅》(《刹那时光》)，滚石唱片公司又要她写一整张唱片的歌词。

那一年我回台湾来九个月……我管四本书，一张唱片、一个百事待举的新家，还得每天回那么多封信，以及响个不停的电话和饭局。

我的心怀意志虽然充满了创造的喜悦与狂爱，可是生活也成了一根绷得快要断了的弦。

就在这种水深火热的日子里，挚友杨淑惠女士得了脑癌住进台大医院，于是我又开始跑医院。

没过十天，我的母亲发现乳癌，住进荣民总医院。这两个我心挚爱的人先后开刀，使我的压力更加巨大，在工作和医院中不得释放。

三毛放弃了每天四个小时的睡眠，也放弃了阅读，但她不能放下文稿。

我在绞我的脑汁，绞到无汁可绞却不能放弃……我开始增加安眠药的分量，一颗、三颗、七颗，直到有一夜服了十颗，而我不能入睡……歌词出不来、书出不来、家没有修好，淑惠正在死亡的边缘挣扎，妈妈割掉了部分的身体……

整整六个月没有阖眼，三毛开始丧失记忆，说话错乱。她会在半夜打电话给朋友，要买钢琴，要朋友陪她去打点滴，就在好友去世的那天，她忘记了回父母家的路，只能勉强记起自己刚刚装修好的新家……

1985 年冬天，母亲刚刚出院，心力交瘁的三毛就因用脑过度住进了荣民总医院，诊断结果为"过度紧张导致的轻度精神病"。但即使是在不断迷路、不断失忆的状态下，她依旧完成了手里所有的工作。她只在荣民总医院住了 17 天，便再次踏上了赴美的疗养之旅。

到了美国西雅图，三毛报读了社区大学 Bellevue Community College，在那里，她像一名普通学生一样，与活泼随和的老师艾琳，与来自日本、以色列、伊朗、巴西，以及台北和大陆的同学一起度过悠长的漫读时光，她的生活慢下来，时间似乎也有了新的意义。

冬季班结束后，三毛留下来继续参加春季课程，转眼到了五月，同学月凤独居台北的父亲突发中风，这场变故让三毛突然思念起远在大洋彼岸的父母，于是她临时决定与月凤一起回台湾。离开之前，她为同学们上了最后一课，那是她第一次正式地介绍自己，在黑板上写下自己所有的联系地址，品尝由各地美食组成的宴席，与相处近半年的同学们洒脱告别。

1986 年 7 月，正是夏秋交替，三毛途径西班牙，8 月初重回大加纳利岛，这一次她只停留了一个半月时间，她要将房子、车子和一切都处理完毕，回到父母身边生活。

三毛不在的时间里，她与荷西的家被小偷光顾过五次，却丝毫没有破败的模样，泥水匠一家人自愿帮忙，在她回来前便将房子打扫干净，摆上了鲜花，只为了迎接她的归来。

　　卖房的消息，邮局的朋友帮三毛登了报纸，但打电话预约看房子的人都没能成交，直到在邮局工作的璜带着他的妻子自己找上门来。

　　三毛记起了他，六年前，荷西出事后她第一次返回大加纳利岛，邮局停业十五分钟，全体员工帮她分拣了三大袋邮件，其中就有这个年轻人。看着这对夫妻，三毛毫不犹豫地答应下来，报上刊登的半价六百五十万，再优惠，加上大部分家具和用品，五百六十万成交，只因为年轻的妻子说他们只有五百八十万存款。

　　卖掉了房子，三毛将荷西的照片收好，把那些邻居和朋友一直喜欢的摆设和家具送掉，就连结婚时荷西穿的衬衫也送了出去，汽车和摩托车、录音带、九个书架的书籍全都送人，信件处理掉，回台湾，只带走照片、少数文件和几样小物。荷西的潜水装备，那一整柜的东西，三毛根本无法整理，甚至没有勇气说起，只得交给朋友拉蒙全部搬走……

　　飞机晚上八点四十五分离开，直飞马德里，不进城去，就在机场过夜。清晨接着飞苏黎世，不进城，再接着飞香港。在香港，不进城，立即飞台湾……

　　我坐下来，把这个明窗净几的家再深深地印一次在心里。

那时候，一个初抵西班牙，年轻女孩子的身影跳入眼前，当时，她不会说西班牙话，天天在夜里蒙被偷哭，想回台湾去。

半生的光阴又一次如同电影一般在眼前缓缓流过，黑白片，没有声音的。

看着身边一个箱子、一个背包、一个手提袋就什么也不再有了的行李，这才觉得：空空地来，空空地去……出门的最后一刹那间，捡起了一片相思树的落叶，顺手往口袋里一塞……

家、人、宝贝、车、钱，还有今生对这片大海的狂爱，全都留下了。我，算作死了一场，这场死，安静的那么美好，算是个好收场了。

1986年10月，三毛回到台湾，全家人接机，父亲没有来，却让弟弟捎了一封英文信。

我亲爱的女儿，请你原谅我不能亲自来机场接你。过去的一切，都已过去了，切望你的心里，不要藏着太多的悲伤，相反的，应该仰望美好的未来。这一次，你在加纳利岛上处理事情的平静和坚强，使爸爸深感骄傲。我在家中等着你的归来。

爱你的父亲

三毛没有说什么，她明白，只有在英文中，"亲爱的女儿"和"爱你的爸爸"才显得那么自然，而这种深情若要父亲用中文表达，是羞涩和艰难的。

回到台湾后，三毛睡了一天一夜，之后跟随父母去看他们的新家。

在一大堆水泥、砖块、木材的工地上，爸爸指着第十四层楼，对我说："看见了没有？左边那一个阳台，就是我们未来的家。现在我们走上去看里面，爸爸在地上画了粉笔印子代表家具和厨柜的位置。你去看看，你的房间合不合意，我们才开始装修。明年春天，我们就可以搬进去了，计划做好多好多书架给你放书——"

我紧紧地拉住妈妈的手，跟她说："当心，楼梯上有水，当心滑倒。爸爸，你慢慢走，十四楼太高。这个电梯晚上怎么不开……前面有块木板，看到了？不要绊了——"

分别二十年后的中秋节，我站在爸爸妈妈的身边，每天夜里去看一次那幢即将成为我们的家的楼。我常常有些恍惚，觉得这一切，都是在梦中进行。而另一种幸福，真真实实的幸福，却在心里滋长。那份滋味，带着一种一切已经过去的辛酸，疲倦、安然地释放，也就那么来了。

03 ˙ 故园游

游子廿载，始得还归，三毛回台湾，最欣喜的莫过于家人，但对三毛来说，台湾的生活并不轻松。人们似乎不再记得，她曾经是撒哈拉沙漠里那个热爱自由的小妇人，也不再记得她曾经是痛失爱人的一具坚强的空壳，她已经成了华语世界的名人。

相比默默无闻却宁静自在的生活，三毛对名人生活非常排斥，她害怕记者，害怕人们对她的作品的热情，对她的 生活的关注，私下里她常常说起自己不愿再做三毛。

可是，三毛的骨子里写满了热情与真诚，她实在无法拒绝读者的来信，以及各方面的邀请和约稿，这种情况在她的生活中从未停止，一直不断地持续下去。

人红是非多，外界对荷西的谣言，对他们婚姻状况的种种猜测，让敏感的三毛在气愤之余感到极度痛苦。对三毛来说，荷西的去世是不能言说的痛苦，她根本无法面对那些无端的揣测与评说，更无力去驳斥或澄清，任何一种猜测，都只是在她那淋漓的伤口上洒下大把的盐粒，溶化一丝便是万分心痛。

为了抵挡外界的流言蜚语，三毛埋头工作，作品接踵而出。1986年从西班牙回到台湾后，三年时间里她连续出版了有声读物《三毛说书》《流星雨》，散文集《我的宝贝》《闹学记》等。与雨季时期和沙漠时期不同，荷西去世后，三毛的笔端少了欢快幽默，却多了一种朴素清冷，再深厚的情感，到她的笔下也会融成娓娓道来的清流，在每个爬格子的夜半灯下抚慰灵魂最深处的伤痛。

一起生活的日子里，无论是对三毛还是对她的父母来说，都是一种重新适应，因为在他们之间，隔着22年的空白。

与年少时的叛逆不同，如今的三毛守礼自律。她会收拾好自己的东西，但绝不与母亲争夺家庭的管理，也不会踏入父亲的书房，就连吃水果也会先问一声，她不看电视，因为不愿擅自挑选频道，就连拨打越洋电话，也会把话费留在桌上，她依旧保持着夜读的习惯，或是在父母睡下的深夜里，独自坐在黑暗的客厅一声不响。

从表面上看，三毛的生活是风平浪静的，她理智却不冷漠，温和而愉快，就连荷西的忌日她也不会提醒家人，但在这片平和之下，深藏着的是日渐压抑的心灵。三毛偶尔会回到自己的小公寓去住一天，算作一种休息，也是一种释放，但她只住一天便会回到父母的家。带着对父母深切沉重的爱，以及"一时脱逃"的愧疚，在这种温柔如水的亲情里，时光悄然流淌而去。

1988 年，台湾与大陆之间架起了探亲的"桥梁"，多年音讯全无的两岸亲人，终于有了相见的机会。三毛一家在舟山只有一些远房亲戚，但循着这道"桥梁"，他们收到了一封信，还有一张全家福，那是当年与陈家交情颇深、被三毛称作叔叔的倪竹青托人捎来的。

两岸探亲的通行，让三毛萌生前往大陆的想法，她的旅行计划里一直有前往塔克拉玛干沙漠与游览黄河这两个目标。大陆更有"三毛之父"张乐平，这个创造她笔名形象的漫画家。

6 月，凭借"三毛"这个纽带联系在一起的两人开始通信，三毛将张乐平认作自己的父亲，于是已是八十高龄的张乐平夫妇有了一个远在台湾的女儿。

1989 年 4 月，三毛终于能暂时放下手中的工作，由香港转机来到上海，见到了张乐平一家。她带给张乐平的是台湾版《三毛流浪记》与最新出版的《我的宝贝》，扉页上郑重地写下"这本书为作者亲自带入大陆的第一本。十一亿中国同胞中仅此一本"，另附"爸爸，谢谢您创造了我的笔名"。张乐平送给三毛的则是一套"涤卡"面料的中山装，面料的寻找大费周折，更令人惊叹的是张乐平的夫人仅凭三毛的照片裁剪缝纫，竟制得异常合身。

三毛与张乐平父女其乐融融，他们一同去了龙华寺、大观园和周庄小镇，三毛不改习惯，又自己去上海当地的农贸市场"视察民情"。在张乐平的眼中，三毛乐观倔强，又多情善感，与他笔下"流浪的三毛"当真相似。

离开上海，三毛随堂兄过苏杭，经运河向故乡驶去。一路上，三毛仿佛踏入了《红楼梦》，所感所想，皆如梦幻泡影一般虚妄美妙。

回到舟山小沙乡陈家村祭祖，三毛受到家乡父老的热情接待，在这里，她又有了一个新的名字——小沙女。欢迎仪式上，倪竹青即兴作词，让三毛激动不已。离开陈家村之前，三毛从祖父的坟上带走一把土，又从祖宅的井中打了一瓶水带回台湾。

回到家的第一个夜晚，三毛便将这两样东西郑重地捧给父亲，但她的父亲并没有表达出她想象中的那种激动与悲痛，三毛沉默了几秒，她忍得住眼泪，却忍不住声音里的哭腔。

"这可是我今生唯一可以对你陈家的报答了，别的都谈不上。"说着她便逃进了浴室。

从老家回来的三毛有很多话、很多感想，她拿着照片给父亲讲，又等着姐弟们回来一起看照片，但姐弟们没有来，父母也因为年迈无力夜谈。慢慢地，三毛静默了，她记起她说有人向她求婚时饭桌上依旧忙乱热闹，她记起姐弟的孩子们连荷西是外国人都不知道，也许在那个时候她突然觉得，回故乡，不过是她一厢情愿为陈家做的事，也许除了她，并没有人在乎这一切，于是她将数百张在大陆拍的照片搬到自己的公寓，又偷偷地拿走了故乡的土和水。

1989 年 6 月 5 日清晨，父亲发现三毛悄悄出走，只留下一封三页的长信。那封信没有被母亲看到，她的父亲收起信，提起笔，认真地写下一封长长的回信。

以前，你曾与我数次提到《红楼梦》中的"好了歌"，你说只差一点就可以做神仙了，只恨忘不了父母。那时我曾对你说，请你去做神仙，把父母也给忘了，我们绝对不会责怪你。你笑笑，走开了……

我一点一点看你把自己变成孤岛，却也为你的勇气和真诚而震动。我眼看你一点一点地超脱出来，反而产生了对你的空虚感，因为你的现在，是一个什么也不要了的人……

不过七八天以前吧，你给我看《皇冠》杂志，上面有一些你的照片，你指着最后一张照片说："爸，看我在大陆留的毛笔字有此为证。"我看了，对你说，你写字好像在画画。你还笑着说："书画本来不分家，首在精神次在功。"你又指着那笔字说："看，这女字边的好字，'唰'一挥手，走了。"

那时的你，并不直爽，你三度给我暗示，指着那张照片讲东讲西，字里两个斗大的"好了"已然破空而出。

这两个字，是你一生的追求，却没有时空给你胆子写出来，大概你心中已经好，已经了，不然不会这么下笔。而我和你母亲尚在不知不觉中……

今日，你留下了一封信，离开了父母，你什么都没有拿走，包括你走路用的平底鞋。我看完你的信，伸头看看那人去楼空的房间里面堆满了你心爱的东西，你一样都没有动，包括你放在床头的那张丈夫的放大照片。

我知道，你这一次的境界，是没有回头路可言了。

也许，你的母亲以为你的出走又是一场演习，过数日你会再回家来。可我推测你已经开始品尝初次做神仙时那孤凉的滋味，或者说，你已一步一步走上这条无情之路，而我们没能与你同步……

三毛逃离了父母身边，重新过回一个人的生活。那段时间，她很想去大陆西部旅行，却因为醉酒摔断了肋骨，躺在医院里。那时，她接受了严浩导演的邀请，写下剧本《滚滚红尘》。

1990 年 4 月，三毛跟随剧组到东北取景，再一次来到大陆。这次大陆之行，三毛如愿沿着丝绸之路西行而去。她在敦煌遇见了研究所里临摹壁画的伟文，一个极像壁画上佛祖大弟子阿难的青年。她请托研究所照顾，躲开众多游人，独自跨入洞中，看到手电光线下恢宏流转的壁画，也看到多年前休学自杀的自己，她感应到菩萨的轻抚，听到菩萨对她言语……

离开敦煌前，伟文送给三毛一件僧衣，三毛则将自己的绿毛衣回赠给他，一再要他记住，她要埋在能望见沙漠的那个山坡上。

接着三毛来到新疆，见到了"西部歌王"王洛宾。从朋友的讲述中，三毛得知王洛宾早年多舛，晚年失妻，独自守在新疆采集民歌，每当夜幕降临，他会对着妻子的遗像默默地弹着曲子。三毛还没有听完，便被这个故事打动，红了双眼，于是她开始与王洛宾通信，并千里迢迢地赶去与他相见。

但这次相见并没有三毛想象的那样亲切真诚，三毛回到台湾后曾向司马中原抱怨，说王洛宾并不像他讲述的那样，他的家里全是媒体人物和当地干部，而三毛不过是想和他单独聊聊。她只是很心疼一位对民谣贡献巨大的老人生活却如此孤独寂寥。

两年时间，三次大陆之行，两度会面，三毛与王洛宾之间到底发生了什么，外界众说纷纭却终究不得而知。毕竟在新疆期间，她一度与家人失去联系，直到她在 1990 年 10 月抵达四川后，报上才发表了她旅途劳顿已报平安的简讯。

1990 年中秋，三毛沿长江而下，抵达上海看望张乐平夫妇，又在杭州见到了叔叔倪竹青，但没有人想到，那竟是他们的最后一面。

04 · 再相逢

回到台湾后，三毛全身心投入《滚滚红尘》的宣传活动。与往常对媒体的逃避不同，一星期之内她在电视上出现八次，前后接受二十多次采访，过度劳累让她原本虚弱的身体不堪重负，但她甘愿。

《滚滚红尘》中，她为那场海一样深的生死别离标好了"66"，第66场，荷西苦候的6年，缠绵厮守的6年，荷西去后一个6年，又近另一个6年，她将全部的伤痛和心死，都写入那一场，写给看尽她一生幸福与疼痛的"6"。

在12月15日的金马奖典礼上，《滚滚红尘》摘得了8项大奖，却独独没有最佳编剧。庆功宴上，主创团队其乐融融，三毛却心情复杂，她为《滚滚红尘》的成功而欢喜，但欢喜之余是更深的落寞，那是作为编剧的不甘，也是作为主创之一的黯然。而外界对于剧本的褒贬之声，再一次将三毛推上舆论的风口浪尖。

也许只是巧合，又或真是上天的安排，金马奖颁奖典礼才过去半个月，1991 年 1 月 2 日，三毛因子宫内膜肥厚住进荣民总医院，第二天便进行了小手术，切片结果显示只是一般的疾病，5 日便可出院。

手术当天晚上，三毛给母亲打了电话，她很大声很激动地说话，却不知道她在说什么，后来她向护士要了安眠药，却一直在病房内抽烟走动到临近半夜。

1 月 4 日早上，清洁工打扫房间时，发现三毛已经气绝身亡，她用一条丝袜将自己挂在吊输液瓶的钩子上，也挂断了自己与世界的连接。

没有遗书，只有模棱两可的暗示，宛若密语的电话留言，没有告别，或者，早已经郑重告别，三毛留下一室的收藏，一世的流浪，留下两鬓苍苍的父母，悄悄地离开了。

一生流浪的三毛，当她远行于世，心却藏进了厚厚的 18 本作品集。当她归栖梦中，她的步子，她的心和灵魂，全部飞向了西班牙南部那片富饶的橄榄林，梦中的橄榄树下，荷西在等着她，等她执笔，写另一个世界的《大胡子与我》。

世人都晓神仙好，唯有功名忘不了！

古今将相在何方？荒冢一堆草没了。

世人都晓神仙好，只有金银忘不了！

终朝只恨聚无多，及到多时眼闭了。

世人都晓神仙好，只有娇妻忘不了！

君生日日说恩情，君死又随人去了。

世人都晓神仙好，只有儿孙忘不了！

痴心父母古来多，孝顺儿孙谁见了？

……

可知世上万般，好便是了，了便是好。若不了，便不好；若要好，须是了。

也许在早已告别的凌晨，在潮湿多雨的台北，三毛那流浪的魂，也曾游向父母的窗外，在寂寂的黑暗中，向他们倒身大拜下去，那时的她一定是赤着脚，黑色的长发披散开来，仿佛在西非的撒哈拉沙漠，仿佛在加纳利群岛的海滩，仿佛在她明媚的小院和房间……

当她转身，刹那时光，定会看到大雪如花瓣漫天，一如《红楼》中宝玉的出家。这一生，她从来不是黛玉，这一世，雪落却如飞花，模糊她远去的孤影。

后记　说给自己听

　　Echo，又见你慢吞吞地下了深夜的飞机，闲闲地跨进自己的国门，步步从容地推着行李车，开开心心死环住总是又在喜极而泣的妈妈，我不禁因为你的神态安然，突而生出了一丝陌生的沧桑。深夜的机场下着小雨，而你的笑声那么清脆，你将手掌圈成喇叭，在风里喊着弟弟的小名，追着他的车子跑了几步，自己一抬就抬起了大箱子，丢进行李厢。那个箱子里啊，仍是带来带去的旧衣服，你却说："好多衣服呀！够穿整整一年了！"便是这句话吧，说起来都是满满的喜悦。

　　好孩子，你变了。这份安稳明亮，叫人不能认识。

　　长途飞行回来，讲了好多的话，等到全家人都已安睡，你仍不舍得休息，静悄悄的戴上了耳机要听音乐。

　　过了十四个小时，你醒来，发觉自己姿势未动，斜靠在床角的地上，头上仍然挂着耳机，便是那归国来第一夜的恬睡。没有梦，没有辗转，没有入睡的记忆，床头两粒安眠药动也没动。这一个开始，总是好的。

既然你在如此安稳的世界里醒来，四周没有电话和人声，那么我想跟你讲讲话。趁着陈妈妈还没有发觉你已醒来，也没有拿食物来填你之前，我跟你说说话。毕竟，我们是不很有时间交谈的，尤其在台湾，是不是？

四周又有熟悉的雨声，淅沥沥的在你耳边落下，不要去看窗外邻居后巷的灰墙，那儿没有雨水。这是你的心理作用，回国，醒来。雨声便也来了。

我们不要去听雨，那只是冷气机的滴水声，它不会再滴湿你的枕头，真的不会了。

这次你回来。不是做客，这回不同，你是来住一年的。

一年长不长？可以很长，可以很短，你怕长还是怕短？我猜，你是怕长也是怕短，对不对？

这三年来，我们彼此逃避，不肯面对面的说说话，你跟每一个人说话，可是你不敢对我说。

你躲我，我便也走了，没有死缠着要找你。可是现在你刚刚从一场长长的睡眠里醒来，你的四肢、头脑都还不能动得灵活，那么我悄悄的对你说些话，只这么一次，以后就再不说了，好吗？当然，这一年会是新的一年，全新的，虽然中秋节也没有过去，可是我们当这个秋天是新年，你说好不好？

你不说话，三年前，你是在一个皓月当空的中秋节死掉的。

这，我也没有忘记，我们从此最怕的就是海上的秋月。现在，我却跟你讲："让我们来过新年，秋天的新年好凉快，都不再热了，还有什么不快活的？"

相信我，我跟你一样死去活来过，不只是你，是我，也是所有的人，多多少少都经历过这样的人生。虽然我们和别人际遇不同，感受各异，成长的过程也不一样，而每一个人爱的能力和生命力也不能完全相同的衡量，可是我们都过下来了，不只是你我，而是大家，所有的人类。

我们经历了过去，却不知道将来，因为不知，生命益发显得神奇而美丽。不要问我将来的事情吧！请你，Echo，将一切交付给自然。生活，是一种缓缓如夏日流水般的前进，我们不要焦急我们三十岁的时候，不应该去急五十岁的事情，我们生的时候，不必去期望死的来临，这一切，总会来的。

我要你静心学习那份等待时机成熟的情绪，也要你一定保有这份等待之外的努力和坚持。

Echo，我们不放弃任何事情，包括记忆。你知道，我从来不望你埋葬过去，事实上过去没有必要，也没有可能丛生命里割舍，我们的今天，包括一个眼神在内，都不是过去重重叠叠的生命造成的影子吗？

说到这儿，你对我笑了，笑得那么沉稳，我不知道你心里在想什么，或许你什么也没有想，你只是从一场筋疲力尽的休息中醒来，于是，你笑了，看上去有些暧昧的那种笑。

如果你相信，你的生命是野火烧不尽，春风吹又生，如果你愿意真正的从头再来过，诚诚恳恳的再活一次，那么，请你告诉我，你已从过去里释放出来。

释放出来，而不是遗忘过去——

现在，是你在说了，你笑着对我说，伤心，是可以分期摊还的，假如你一次负担不了。

我跟你说，有时候，我们要对自己残忍一点，不能纵容自己的伤心。有时候，我们要对自己深爱的人残忍一点，将对他们的爱、责任、记忆搁置。

因为我们每一个人都是独特的个体，我们有义务要肩负对自己生命的责任。这责任的第一要素，Echo，是生的喜悦。喜悦，喜悦再喜悦。走了这一步，再去挑别的责任吧！

我相信，燃烧一个人的灵魂的，正是对生命的爱，那是至死方休。没有一个人真正知道自己对生命的狂爱的极限，极限不是由我们决定的，都是由生活经验中不断的试探中提取得来的认识。如果你不爱生命，不看重自己，那么这一切的生机，也便不来了，Echo，你懂得吗？

相信生活和时间吧！时间如果能够拿走痛苦，那么我们不必有罪恶感，更不必觉得羞耻，就让它拿吧！拿不走的，自然根生心中，不必勉强。生活是好的，峰回路转，柳暗花明，前面总会另有一番不同的风光。让我悄悄的告诉你，Echo，世上的人喜欢看悲剧，可是他们也只是看戏而已，如果你的悲剧变成了真的，他们不但看不下去，还要向你丢汽水瓶呢。你聪明的话，将那片幕落下来，不要给人看了，连一根头发都不要给人看，更不要说别的东西。那你不如在幕后也不必流泪了，因为你也不演给自己看，好吗？虽然，这许多年来。我对你并不很了解，可是我总认为，你是一个有着深厚潜质的人，这一点，想来你比我更明白。

可是，潜质并不保证你以后一定能走过所有的磨难，更可怕的是，你才走了半生。

在我们过去的感受中，在第一时间发生的事件，你不是都以为，那是自己痛苦的极限，再苦不能了。

然后，又来了第二次，你又以为，这已是人生的尽头，这一次伤得更重。是的，你一次又一次的创伤，其实都仰赖了时间来治疗，虽然你用的时间的确是一次比一次长，可是你好了，活过来了。医好之后，你成了一个新的人，来时的路，没有法子回头，可是将来的路，却不知不觉走了出去。这一切，都是功课，也都是公平的。可是，我已不是过去的我了。

你为什么要做过去的你？上一秒钟的你难道还会是这一秒钟的你吗？只问问你不断在身体里死去的细胞吧！

每一次的重生，便是一个新的人。这个新的人，装备比先前那个软壳子更好，忍受痛苦的力量便会更大。

也许我这么说，听起来令人心悸，很难想象难道以后还要经历更大的打击。Echo，你听我这么说，只是一样无声的笑着，你长大了很多，你懂了，也等待了，也预备了，也坦然无惧了，是不是？

这是新的一年，你面对的也是一个全新的环境，这是你熟悉而又陌生的中国，Echo，不要太大意，中国是复杂的。你说，你能应付，你懂化解，你不生气，你不失望。可是，不要忘了，你爱它，这便是你的致命伤，你爱的东西，人，家，国，都是叫你容易受伤的，因为在这个前提之下，你，一点不肯设防。每一次的回国，你在超额的张力里挣扎，不肯拿出保护自己的手段做真正的你，那个简简单单的你。

你感恩，你念旧，你在国内的柔弱，正因你不能忘记曾经在你身边伸出来过的无尽的同情和关爱的手，你期望自己粉身碎骨去回报这些恩情，到头来，你忘了，你也只是血肉之躯，一个人，在爱的回报上，是有极限的，而你的爱，却不够化做所有的莲花。Echo，你的中文名字不是给得很好，父亲叫你——

平，你不爱这个字，你今日看出，你其实便是这一个字。那么适合的名字，你便安然接受吧！包括无可回报的情在内，就让它交给天地替你去回报，自己，尽力而为，不再强求了，请求你。我知道你应该是越走越稳的，就如其他的人一样，我不敢期望帮上你什么忙，我相信你对生命的需求绝对不是从天而降的奇迹，你要的，只是一份信心的支援，让你在将来也不见得平稳的山路上，走得略微容易一点罢了。

你醒在这儿，沉静的醒着，连眼睛都没有动，在你的身边，是书桌，书桌上，有一架电话——那个你最怕的东西，电话的旁边，是两大袋邮件，是你离国之前存下来未拆的信件。这些东西，在你完全醒来，投入生活的第一日开始，便要成为你的一部份，永远压在你的肩上。

也是这些，使你无法快乐，使你一而再、再而三，因此远走高飞。孩子，你忘了一句话，起码你回中国来便忘了这句话：坚持自己该做的固然叫做勇气，坚持自己不该做的，同样也是勇气。除了一份真诚的社会感之外，你没有理由为了害怕伤害别人的心灵而付出太多，你其实也小看了别人，因为别人不会因为你的拒绝而受到伤害的，因为他们比你强。

Echo，常常，你因为不能满足身边所有爱你的人对你提出的要求而沮丧，却忘了你自己最大的课题是生活。

虽说，你身边的一草一木都在适当的时候影响了你。而你藉着这个媒介，也让身边的人从你那儿汲取了他们的想望和需要，可是你又忘了一句话——在你的生活里，你就是自己的主宰，你是主角。对于别人的生活，我们充其量，只是一份暗示，一份小小的启发，在某种情况下丰富了他人的生活，而不是越权代办别人的生命——即使他人如此要求，也是不能在善意的前提下去帮忙的，那不好，对你不好，对他人也不好的。

Echo，说到这儿，妈妈的脚步声近了，你回国定居的第一年的第一天也要开始了，我们时间不多，让我快快的对你讲完。许多人的一生，所做的其实便是不断修葺自己的生活，假如我们在修补之外，尚且有机会重新缔造自己，生命就更加有趣了，你说是不是？

有时候让自己奢侈一下，集中精神不为别人的要求活几天，先打好自己的基础，再去发现别人，珍惜自己的有用之身，有一天你能做的会比现在多得多。

而且，不是刻意的。

三毛

1981 年 5 月于台北

附录 三毛年表（含作品）

1943 年　3 月 26 日,生于重庆南岸区黄桷垭正街,祖籍浙江。

1946 年　迁家南京,阅读平生第一本书《三毛流浪记》,
　　　　　改名陈平。

1948 年　迁家台北,进入台北中正国民小学,初现对艺术
　　　　　和文学的兴趣。

1954 年　考入台北市立第一女子高级中学。

1955 年　升入初二,受数学老师体罚,开始逃学,后期休
　　　　　学在家。

1956 年　尝试复学无果,正式退学,开始家庭式教育；
　　　　　随黄君璧学习山水画、随邵幼轩学习花鸟画；
　　　　　割腕自杀未果,获救。

1961 年　进入顾福生私人画室,学习素描、油画,尝试水彩。

1962 年　《现代文学》刊出第一篇文章《惑》,署名陈平,
　　　　　开启"雨季文学时期"。

1963 年　《中央日报》发表小说《秋恋》,《皇冠》发表小说《月

河》。

1964 年　经创办人张其昀先生特许，进入文化大学哲学系
　　　　旁听。开始初恋。

1966 年　《征信新闻报》发表散文《极乐鸟》。

1967 年　因失恋休学，前往马德里大学哲学院留学；
　　　　发表散文《安东尼，我的安东尼》《一个星期天
　　　　的早晨》；
　　　　与荷西相识。

1968 年　拒绝荷西，利用假期在欧洲各地旅行。

1969 年　与德国男友约根一起到德国；
　　　　为进入西柏林大学哲学系，进入歌德语文学院学
　　　　习德语。

1970 年　与约根分手；
　　　　进入美国伊利诺大学主修陶瓷专业，并在法律
　　　　系图书馆工作。

1971 年　返回台湾，在文化大学德文系、哲学系执教。

1972 年　与一名德国教师订婚，结婚前夕未婚夫猝死；
　　　　三毛吞食安眠药自杀未果，获救；
　　　　再次远赴西班牙，与荷西重逢。

1973 年　前往西属撒哈拉沙漠，在当地法院与荷西公证结

婚。

1974 年　《联合报》副刊发表《中国饭店》，使用笔名三毛，
　　　　　进入"沙漠文学时期"。

1975 年　撒哈拉沙漠政局变动，三毛与荷西撤离沙漠，前
　　　　　往大加纳利岛。

1976 年　《撒哈拉的故事》结集出版；
　　　　　《雨季不再来》结集出版；
　　　　　独自返回台湾探亲治疗。

1977 年　荷西在尼日利亚工作，三毛后期前往尼日利亚为
　　　　　荷西讨薪；
　　　　　《稻草人手记》《哭泣的骆驼》出版。

1979 年　前往拉芭玛岛；
　　　　　9 月 30 日，荷西身亡；
　　　　　葬礼后随父母返回台湾。

1980 年　独自返回大加纳利岛，开始孀居生活。

1981 年　5 月 9 日，返回台湾，参加金钟奖颁奖仪式；
　　　　　10 月，在高雄第一次正式演讲；
　　　　　11 月，受《联合报》特别赞助，前往中南美洲旅
　　　　　行采风；
　　　　　《梦里花落知多少》《背影》出版，转向"都市玉

冰时期"。

1982年　5月10日，结束中南美洲之行；

返回大加纳利岛；

10月，回到台湾文化大学任教；

中南美洲纪实游记《万水千山走遍》出版。

1983年　《三毛：昨日、今日、明日》《送你一匹马》出版。

1984年　寒假赴美治疗，后因身体原因辞去教职。

1985年　《倾城》《谈心》《随想》出版，为《回声》专辑写词；

购买并装修新家；

因工作强度过大，用脑过度，精神错乱，丧失记忆；

冬季，再次赴美治疗。

1986年　5月，回到台湾；

夏末，返回大加纳利岛处理房产；

10月，回到台湾定居，与父母同住；

有声读物《三毛说书》、译作《刹那时光》出版。

1987年　有声读物《流星雨》、散文集《我的宝贝》出版。

1988年　6月12日，第一次写信给张乐平。

《闹学记》出版。

1989年　4月，首次返回大陆，拜访张乐平；

回乡祭祖，带回故乡水土；

6月，返回台湾，悄然出走，恢复独居生活；

开始创作剧本《滚滚红尘》。

1990年　两度返回大陆，游丝绸之路与川藏地区；

12月15日，《滚滚红尘》斩获金马奖8项大奖，

提名最佳编剧。

1991年　1月2日，因子宫内膜肥厚入院。

1月3日，手术顺利完成。

1月4日，凌晨2时许，在病房浴室自尽。

骨灰葬于金宝山墓园，部分遗物葬于敦煌鸣沙山。